Matthias Rosemann

BTHG: Die wichtigsten Neuerungen
für die psychiatrische Arbeit

Psychiatrie
Verlag

Matthias Rosemann, M. A., ist Psychologe und Soziologe und Geschäftsführer der Träger gGmbH in Berlin.
Er ist Vorsitzender der Bundesarbeitsgemeinschaft Gemeindepsychiatrischer Verbünde und Vorstandsmitglied der Aktion Psychisch Kranke e. V.
Zusammen mit Dr. Michael Konrad hat er 2017 das Handbuch »Selbstbestimmtes Wohnen – Mobile Unterstützung bei der Lebensführung« im Psychiatrie Verlag veröffentlicht, das ebenfalls schon die Neuerungen des BTHG berücksichtigt.

Matthias Rosemann

BTHG: Die wichtigsten Neuerungen für die psychiatrische Arbeit

Fachwissen kompakt

Matthias Rosemann

BTHG: Die wichtigsten Neuerungen für die psychiatrische Arbeit

Fachwissen kompakt

1. Auflage 2018, Nachdruck 2019

ISBN Print 978-3-88414-698-9

ISBN PDF 978-3-88414-920-1

ISBN ePub 978-3-88414-927-0

Bibliografische Information der Deutschen Nationalbibliothek
Die Deutsche Nationalbibliothek verzeichnet diese Publikation in
der Deutschen Nationalbibliografie; detaillierte bibliografische Daten
sind im Internet über http://dnb.d-nb.de abrufbar.

© Psychiatrie Verlag, Köln 2018

Umschlagkonzeption und -gestaltung: GRAFIKSCHMITZ, Köln,
unter Verwendung eines Fotos von .marqs / photocase.de
Lektorat: Karin Koch, Köln
Typografiekonzeption und Layout: Iga Bielejec, Nierstein
Druck und Bindung: Medienhaus Plump GmbH, Rheinbreitbach

Einige Worte vorweg _ 7

Ein großer Kompromiss oder:
Wie das BTHG entstand und zu verstehen ist _ _ _ _ _ _ _ _ _ _ _ 9
Der Auftrag 9
Die Spannungspole 11
Partizipatives Verfahren 12

Formales _ 15
Inkrafttreten 15

Grundsätzliches _ 18
Der Behinderungsbegriff 18
Vorrangregelungen 20
Leistungsgruppen 23
Antragsleistung 24
Träger der Eingliederungshilfe 25
Ergänzende unabhängige Teilhabeberatung 26
Anrechnung von Einkommen und Vermögen 27
Folgen für die psychiatrische Arbeit 29

Der Kern des BTHG: Die Stärkung der Rechte
von Menschen mit Behinderungen _ _ _ _ _ _ _ _ _ _ _ _ _ _ _ _ 32
Teilhabeplanung 34
Gesamtplanverfahren 40
Wunsch- und Wahlrecht 47
Entscheidung über die Leistung 50
Folgen für die psychiatrische Arbeit 51

Eingliederungshilfe, soziale Teilhabe
und Assistenzleistungen _ 55
Soziale Teilhabe 55
Assistenzleistungen 58

Instrumente der Bedarfsermittlung 64

Anspruchsvoraussetzungen für die Eingliederungshilfe 68

Folgen für die psychiatrische Arbeit 71

Definitionen von Wohnraum _____76

Folgen für die psychiatrische Arbeit 79

Abgrenzung Eingliederungshilfe und Pflege _____80

Stationäre Leistungen der Pflegeversicherung 80

Ambulante Leistungen der Pflegeversicherung 83

Leistungen der Hilfe zur Pflege 85

Folgen für die psychiatrische Arbeit 87

Neue Wege zur Arbeit _____89

Andere Leistungsanbieter 89

Budget für Arbeit 91

Modellprojekte nach § 11 SGB IX 94

Folgen für die psychiatrische Arbeit 96

Vertragsrecht _____98

Rahmenverträge 99

Wirtschaftlicher Vergleich und Vergütung der Mitarbeitenden 100

Öffnungsklausel und Erprobungen 102

Folgen für die psychiatrische Arbeit 104

Umsetzung, Begleitung, Forschungsprojekte _____106

Schluss und Ausblick _____108

Literatur _____110

Einige Worte vorweg

Das vorliegende Buch ist als kompakte Einführung in eine der wichtigsten Reformen unseres Systems sozialer Leistungen gedacht, die wir in den letzten Jahren erlebt haben. Das Gesetz zur Stärkung der Teilhabe und Selbstbestimmung von Menschen mit Behinderungen (Bundesteilhabegesetz – BTHG) greift tief in alle Regelungen zur Teilhabe und Rehabilitation ein. Es geht weit über eine Reform der Eingliederungshilfe hinaus.

Es handelt sich bei dieser Einführung nicht um einen sozialrechtlichen Kommentar, sondern um die Darstellung der Veränderungen, die der Gesetzgeber möglich macht. Im Mittelpunkt des BTHG steht die Stärkung der Rechte von Menschen mit Behinderungen. Daher müssen wir die Aufgaben betrachten, die sich daraus nun für viele Akteure im Feld der sozialen Arbeit ergeben. Dabei werde ich mich in dieser Einführung auf die für die psychiatrische Arbeit wesentlichen Aspekte beschränken. Die Analyse ist daher nicht vollständig, sondern konzentriert sich auf ausgewählte, für die psychiatrische soziale Arbeit relevante Themen. Nichts finden wird man über die Veränderungen im Bereich der Werkstätten für Menschen mit Behinderung, auch nichts über die Leistungen zur Teilhabe an Bildung. Auch andere Themen, wie z. B. die neuen Rechtsvorschriften zur Bundesarbeitsgemeinschaft für Rehabilitation werden nicht berührt. Diese Themen sind von großer Wichtigkeit, sprengen aber den gesetzten Rahmen.

Bei der Auswahl der Themen und der Bearbeitung verschiedener Aspekte hat mir die lebendige Auseinandersetzung mit Dr. Michael Konrad geholfen, dem ich an dieser Stelle für seine Diskussionsfreude danken möchte. Ohne ihn und unsere früheren gemeinsamen Buchprojekte zum ambulant betreuten Wohnen wäre dieses Buch wohl nicht entstanden. Er hat mich ermutigt und unterstützt, diesen Weg zu gehen.

Ich möchte nun die Lesenden ermutigen, sich den Veränderungen, die durch das BTHG gefordert werden, zu stellen und sie mitzugestalten. Nur wer die Rahmenbedingungen kennt, kann die ihnen innewohnenden Möglichkeiten ausschöpfen. Und die sind nicht so klein, wie vielfach befürchtet wurde.

Matthias Rosemann

Noch ein Tipp: Auch wenn im Text einige Paragrafen zitiert werden, ist doch zu empfehlen, den jeweils aktuellen Gesetzestext noch einmal nachzulesen. Das SGB IX wird ständig nachgebessert und verändert. Zudem werden hier oft nur kleine Ausschnitte zitiert. An der direkten Lektüre der einzelnen Vorschriften und der sie ergänzenden Paragrafen kommt also eigentlich kein Akteur vorbei. Am einfachsten geht das im Internet. Auf der Seite https://dejure.org/gesetze/SGB_IX ist nicht nur die aktuelle Fassung zu finden, man kann auch zum Teil zwischen alter und neuer Fassung hin- und herswitchen.

Das BTHG, das alle diese Änderungen angestoßen hat, finden Sie unter http://www.bmas.de/SharedDocs/Downloads/DE/PDF-Meldungen/2016/bundesteilhabegesetz.pdf;jsessionid=851363A41AA709F0D B4AA45CADAA8969?__blob=publicationFile&v=7

Ein großer Kompromiss oder: Wie das BTHG entstand und zu verstehen ist

Das »Gesetz zur Stärkung der Teilhabe und Selbstbestimmung von Menschen mit Behinderungen« (Bundesteilhabegesetz – BTHG) vom 23. Dezember 2016 hat eine lange Vorgeschichte, deren Kenntnis zum Verständnis seiner Ziele und Werte beiträgt. Die Konferenz der Arbeits- und Sozialminister (ASMK), in der sich die für Arbeit und Soziales zuständigen Ministerinnen und Minister sowie Senatorinnen und Senatoren regelmäßig treffen, hatte schon im Jahr 2007 die Reform der Eingliederungshilfe angeregt. In verschiedenen Arbeitsgruppen wurden über Jahre hinweg Vorschläge für die notwendigen Reformen erarbeitet. Ein erster Zwischenschritt war ein Grundlagenpapier aus dem Frühjahr 2012. Im später sogenannten Fiskalpakt wurde zwischen der Bundesregierung und den Bundesländern beschlossen, in der folgenden Legislaturperiode ein neues Bundesleistungsgesetz zu erarbeiten und gleichzeitig die Kommunen mit mehreren Milliarden Euro zu entlasten.

Der Auftrag

Im Koalitionsvertrag zur 18. Wahlperiode finden sich unter dem Stichwort »Eingliederungshilfe reformieren – Modernes Teilhaberecht entwickeln« folgende Aussagen:

Absprache der Regierungsparteien
»Die gemeinsamen Anstrengungen von Bund, Ländern und Kommunen für mehr Inklusion brauchen einen sicheren gesetzlichen Rahmen. Wir werden unter Einbeziehung der Bund-Länder-Finanzbeziehun-

gen ein Bundesleistungsgesetz für Menschen mit Behinderungen erar-
beiten. Dabei werden wir die Einführung eines Bundesteilhabegeldes
prüfen. Wir wollen die Menschen, die aufgrund einer wesentlichen
Behinderung nur eingeschränkte Möglichkeiten der Teilhabe am Le-
ben in der Gemeinschaft haben, aus dem bisherigen ›Fürsorgesystem‹
herausführen und die Eingliederungshilfe zu einem modernen Teil-
haberecht weiterentwickeln. Die Leistungen sollen sich am persönli-
chen Bedarf orientieren und entsprechend eines bundeseinheitlichen
Verfahrens personenbezogen ermittelt werden. Leistungen sollen nicht
länger institutionszentriert, sondern personenzentriert bereitgestellt
werden. Wir werden das Wunsch- und Wahlrecht von Menschen
mit Behinderungen im Sinne der UN-Behindertenrechtskonvention
berücksichtigen. Menschen mit Behinderungen und ihre Verbände
werden von Anfang an und kontinuierlich am Gesetzgebungsprozess
beteiligt.« (CDU u. a. 2013, S. 111) Zugleich wurde aber auch formu-
liert, dass durch die Reform keine neue Ausgabendynamik entstehen
dürfe.

Jede dieser Koalitionsabsprachen stellt ein Programm dar. So bedeutet z. B. der Satz »die Leistungen sollen sich am persönlichen Bedarf
orientieren«, dass die fachliche Leistung der Eingliederungshilfe von
den Leistungen der Unterhaltssicherung, also den Kosten der Lebensführung und der Unterkunft, getrennt werden soll. Bisher waren für
den überwiegenden Teil der Menschen mit Behinderungen fachliche
Leistungen nur zugänglich, wenn sie an den Ort zogen, an dem diese
Hilfen angeboten wurde, also z. B. in ein Heim. Dadurch entstand eine
Verknüpfung von fachlicher Leistung mit dem Ort des Lebens, beide
konnten nicht getrennt voneinander in Anspruch genommen werden.
Auch die Zunahme von ambulanten Leistungen hat bisher nicht oder
nur wenig zum Rückgang stationärer Angebote beigetragen, allerdings in vielen Regionen aufgezeigt, dass auch umfängliche Hilfen

ambulant, d. h. ohne Verknüpfung mit Unterkunft und Verpflegung, erbracht werden können.

Die Trennung der Fachleistungen und der Unterhaltsleistungen hat Konsequenzen für die Abrechnung der Leistungen. In einer stationären Einrichtung (Heim) werden alle Kosten aus der Eingliederungshilfe finanziert. Die Trennung beider Leistungen zieht somit auch eine fiskalische Fragen nach sich: Wer bezahlt was für wen? Auch diese Frage wird uns später noch beschäftigen.

In den Formulierungen des Koalitionsvertrags wird eine zweite wesentliche Wurzel des BTHG deutlich: die Umsetzung der UN-Behindertenrechtskonvention (UN-BRK). Das »Übereinkommen über die Rechte von Menschen mit Behinderungen« (Convention on the Rights of Persons with Disabilities – CRPD) vom 13.12.2006 wurde am 03.05.2008 von der Bundesrepublik ratifiziert. Differenzierte Informationen dazu finden sich auf den Seiten des Deutschen Instituts für Menschenrechte: http://www.institut-fuer-menschenrechte. de/?id=467. Damit hat sich Deutschland verpflichtet, die Rechte von Menschen mit Behinderungen in allen Rechtsgebieten vollständig umzusetzen. Über den Stand der Umsetzung ist gegenüber dem zuständigen Ausschuss zum Schutz der Rechte von Menschen mit Behinderungen (Committee on the Rights of Persons with Disabilities – CRPD) regelmäßig zu berichten.

Die Spannungspole

In der politischen Debatte stand das Ziel »Sicherung des Rechts auf Selbstbestimmung« stets dem zweiten Ziel »keine neue Ausgabendynamik in der Eingliederungshilfe« gegenüber. Die Kosten der Eingliederungshilfe waren in den Bundesländern in den vergangenen zwanzig Jahren dramatisch gestiegen, was vor allem der wachsenden Zahl der Bürgerinnen und Bürger mit entsprechendem Rechtsanspruch geschuldet war. Insofern stand während der Entwicklung des BTHG immer die zentrale Frage im Raum, welche Mehrkosten eine Reform mit sich bringt und von wem (Bund, Länder, Kommunen, andere Leistungsträger) diese zu tragen sind.

Partizipatives Verfahren

Das Bundesministerium für Arbeit und Soziales (BMAS) sorgte frühzeitig für eine umfassende und systematische Beteiligung aller wesentlichen Akteure an der Entwicklung des Gesetzentwurfs. Es machte deutlich, dass nicht nur eine Reform der Eingliederungshilfe für behinderte Menschen (SGB XII, 6. Kapitel) beabsichtigt sei, sondern auch eine Reform des SGB IX – Rehabilitation und Teilhabe behinderter Menschen, das die zentralen Vorschriften für Rehabilitationsleistungen enthält. Insofern waren von dem Gesetzesvorhaben auch alle Leistungsträger, die Leistungen zur Rehabilitation und Teilhabe zu erbringen haben unmittelbar in ihren Interessen berührt und entsprechend engagiert.

Wenn man sich vergegenwärtigt, dass das BTHG einen Ausgleich von sehr vielen und verschiedenen, gar gegensätzlichen Interessen herstellen musste, erschließt sich seine kompromisshafte Ausgestaltung besser. Die Interessen der verschiedenen Leistungsträger (Kranken-, Renten-, Arbeitslosen- und Unfallversicherungen, Jobcenter, Pflegekassen, Bund, Länder, Kommunen u. a.) liegen oft weit auseinander. Jeder Leistungsträger klärt zunächst, ob er zuständig ist und weist Aufgaben gern anderen Leistungsträgern zu. Jeder Zweig unseres Systems sozialer Leistungen wacht sorgfältig darüber, nicht durch neue gesetzliche Regelungen finanziell überfordert zu werden. Insbesondere die Frage, für welche Leistungen der Bund aufkommt und welche Leistungen die Länder tragen müssen, stellte im Gesetzgebungsverfahren eine wesentliche Ebene der Auseinandersetzungen dar. So kommt z. B.

der Bund für die Kosten der Unterkunft eines Sozialhilfeempfängers auf, d. h. er erstattet diese Ausgaben den Ländern und diese wiederum den Kommunen. Die oben schon erwähnte Komplettfinanzierung eines Heims als Leistung der Eingliederungshilfe führt somit bei der Überführung der Eingliederungshilfe in ein fachlich ausgerichtetes Leistungsgesetz zu einer Folgefrage: Welche finanziellen Aufwendungen sind Aufgaben welcher Sozialleistungsträger?

Auch auf der Seite der Leistungserbringer standen die vielen verschiedenen Verbände mit ihren Positionen im Gesetzgebungsverfahren vor vielfältigen Herausforderungen, denn die Anliegen von Menschen mit Behinderungen sind keineswegs einheitlich und weichen darüber hinaus auch häufig von den Interessen der Leistungserbringer ab. Für beide treten die Wohlfahrtsverbände ein. Sie waren infolgedessen zu differenzierten Abwägungen gezwungen. Diese wurden nur scheinbar dadurch leichter, dass das Gesetz die Rechte der Leistungsberechtigten eindeutig stärkt und die Beteiligung der Leistungserbringer an den Planungsverfahren nicht zwingend vorsieht. Genau das wünschten sich die Leistungserbringer aber.

Neu und für das Verfahren und vor allem für das Ergebnis bedeutsam aber war die systematische Einbeziehung der Interessenvertretungen von Menschen mit Behinderungen. Die Zahl dieser Verbände ist groß. Wer sich davon einen Eindruck verschaffen möchte, dem sei empfohlen, sich auf den Seiten der BRK-Allianz (www.brk-allianz. de), des Deutschen Behindertenrates (www.deutscher-behindertenrat. de) und der BAG Selbsthilfe (www.bag-selbsthilfe.de) über die Verbände zu informieren. Für das psychiatrische Arbeitsfeld ist nicht ohne Folgen, dass diese Selbsthilfeverbände mehrheitlich Menschen mit Körper- und Sinnesbehinderungen vertreten. Auch in der Sprache des Gesetzes schlägt sich dieser Schwerpunkt nieder, wie später etwa noch an der Einführung von Begriffen wie »Assistenz« deutlich werden wird.

Das BMAS hatte alle Akteure eingeladen, sich an den Vorbereitungen des BTHG aktiv zu beteiligen. Im Rahmen einer AG Bundesteilhabegesetz wurden nahezu alle Themen und Aspekte unter wesentlicher Beteiligung der Verbände von Menschen mit Behinderungen diskutiert (alle Sitzungen der AG sind hier dokumentiert: https://www.gemeinsam-einfach-machen.de/GEM/DE/AS/Umsetzung_BTHG/Sitzungen/Sitzungen.html;jsessionid=C880BC925086D9BBF4DC7599CCEF14A0.2_cid345?nn=9964332). Dass viele dieser Verbände am Ende über das Ergebnis tief enttäuscht waren, soll an dieser Stelle nicht verschwiegen werden. Die Beteiligung von Menschen mit Behinderung hatte aber ihre Wirkung: Durchgängig stärkt das BTHG die Rechte von Menschen mit Behinderungen gegenüber den Leistungsträgern und den Leistungserbringern – soweit und solange sie in der Lage sind, ihre Rechte selbstbewusst zu vertreten.

Bei Vorlage des ersten Arbeitsentwurfes aus dem BMAS zu Jahresbeginn 2016 zeigte sich, dass nicht wenige Themen zu Besorgnissen bei verschiedenen Akteuren führten. Die Abgrenzung der Eingliederungshilfe von anderen Leistungen, insbesondere von den Leistungen der Pflege bedurfte umfangreicher Beratungen im Bundestag und Bundesrat. Auch die Frage, wann Menschen mit Behinderungen und ihre Angehörigen bei Leistungen mit ihrem eigenen Vermögen und Einkommen herangezogen werden, war sehr umstritten. Andere Themen, wie etwa die systematische Ausrichtung der fachlichen Leistungen am individuellen Bedarf der anspruchsberechtigten Menschen traten demgegenüber im öffentlichen Diskurs in den Hintergrund, markieren aber einen Paradigmenwechsel, auf den viele Leistungserbringer und -empfänger jahrelang hingearbeitet haben.

Formales

Das BTHG ist ein Artikelgesetz. Das bedeutet, das Bundesteilhabegesetz wird in einigen Jahren verschwunden sein, da es ein Gesetz ist, das mit insgesamt 27 Artikeln »nur« andere Gesetze ändert. Jeder Artikel beginnt mit den Worten »Das Gesetz ... wird wie folgt geändert«. Diese Veränderungsvorschriften sind jedoch so umfassend, dass einige Gesetze, vor allem die Vorschriften zur Sozialhilfe (SGB XII) und das Recht der Rehabilitation und Teilhabe (SGB IX) mehrmals zu verschiedenen Zeitpunkten neu gefasst sein werden. Wir sprechen also bei den Neuregelungen immer über die Neuregelungen in diesen Gesetzen, die peu à peu eintreten werden. Das macht alles etwas unübersichtlich. Deshalb werde ich in diesem Text die neuen Regelungen im SGB IX ab dem Jahr 2020 mit dem Begriff »SGB IX neu« (neue Fassung) bezeichnen und oft angeben, ab wann diese Fassung gilt. Gleiches gilt für das SGB XII, also die Sozialhilfe, das auch in vielen Schritten immer wieder neu gefasst wird.

Inkrafttreten

Erste Teile der gesetzlichen Neuregelungen sind zum Anfang des Jahres 2017 bereits in Kraft getreten, viele und wesentliche Neuregelungen traten zum 01. Januar 2018 in Kraft. Der eigentliche Kern des BTHG, die Überführung der Eingliederungshilfe aus der Sozialhilfe (SGB XII) in ein eigenes Leistungsgesetz erfolgt zum 01.01.2020. Dann werden die Vorschriften der Eingliederungshilfe zum neuen Teil 2 des SGB IX. Der bisherige Teil 2 des SGB IX, das Schwerbehindertenrecht, wird dann zum Teil 3 SGB IX. Der letzte Reformschritt wird Anfang 2023 erfolgen. Bis dahin soll in einem neuen Gesetz geregelt werden, unter welchen Voraussetzungen Menschen einen Anspruch auf Leistungen der Eingliederungshilfe haben (Art. 25 a BTHG). Bis dahin soll es auch eine Evaluation des BTHG geben, die zu dieser Frage Erkenntnisse beisteuern soll (Art. 25 BTHG, siehe dazu das Kapitel »Umsetzung, Begleitung, Forschungsaufträge«).

Zeitplan der wesentlichen Änderungen durch das BTHG

01.01.2017

● Regelungen über den Einsatz von Vermögen und Einkommen, 1. Stufe

● Erhöhung des Arbeitsförderungsgeldes für Werkstattbeschäftigte auf 52 Euro

● Vorgaben zur Vorlage eines Führungszeugnisses von Fachpersonal und dauerhaft ehrenamtlichen Kräften in Betreuungs- und Unterstützungstätigkeiten

01.01.2018

● SGB IX, Teil 1 Die Bestimmungen zur Rehabilitation (Teil 1, u. a. Teilhabeplanverfahren) treten in Kraft

● Die Eingliederungshilfe (Teil 2) bleibt noch im SGB XII und damit »Sozialhilfe«, der Begriff »stationäre Einrichtungen« hat noch Bestand

● Bestimmte Regelungen des zweiten Teils (Eingliederungshilfe) werden im SGB XII »vorgezogen«, das betrifft insbesondere das Gesamtplanverfahren mit der zwingenden Orientierung an der ICF und das neue Vertragsrecht, damit auf dieser Grundlage Vereinbarungen für den Zeitraum ab 1.1.2020 abgeschlossen werden können

● Einführung der ergänzenden unabhängigen Teilhabeberatung gemäß § 32 SGB IX

01.01.2020

● SGB IX, Teil 2 Die Eingliederungshilfe ist nicht mehr Sozialhilfe, zuständig werden die neu zu bildenden Träger der Eingliederungshilfe

● Gegenstand der Vereinbarungen ist nur noch die Fachleistung, existenzsichernde Leistungen werden über die Regelsysteme gewährt, der Begriff »stationäre Einrichtung« entfällt

● Regelung über Mehrbedarfe (z. B. Mittagsverpflegung Werkstatt, § 42b SGB XII) tritt in Kraft

● Regelungen über den Einsatz von Vermögen und Einkommen, 2. Stufe

01.01.2023

● Neuregelung des leistungsberechtigten Personenkreises – vorbehaltlich eines noch zu erlassenden Bundesgesetzes nach Abschluss von länderbezogenen Modellprojekten

Unschwer an diesem gestuften Inkrafttreten ist zu erkennen, dass viele neue Regelungen noch zu treffen sind, die nun parallel von den Bundesländern und den Trägern der Eingliederungshilfe vorbereitet werden müssen. Vollends unübersichtlich wird das BTHG durch den Umstand, dass viele Regelungen für die Eingliederungshilfe, die ab 2020 ins SGB IX aufgenommen werden, schon ab 2018 für die Eingliederungshilfe gelten. Dazu gehören z. B. alle Vorschriften zur Gesamtplanung.

Gleichzeitig ist zu berücksichtigen, dass auch eine zweite wesentliche Reform bedeutsam ist: die Reform der Pflegeversicherung, die in bisher drei Pflegestärkungsgesetzen neu gefasst wurde und Schnittstellen zu den Neuregelungen der Eingliederungshilfe hat.

Grundsätzliches

Der Behinderungsbegriff

Der Behinderungsbegriff des SGB IX wird neu gefasst, eine folgenreiche Veränderung. Er schlägt sich in den §§ 1 und 2 des SGB IX nieder:

Selbstbestimmung und Teilhabe am Leben in der Gesellschaft
§ 1 SGB IX (seit 2018)

Menschen mit Behinderungen oder von Behinderung bedrohte Menschen erhalten Leistungen nach diesem Buch und den für die Rehabilitationsträger geltenden Leistungsgesetzen, um ihre Selbstbestimmung und ihre volle, wirksame und gleichberechtigte Teilhabe am Leben in der Gesellschaft zu fördern, Benachteiligungen zu vermeiden oder ihnen entgegenzuwirken. Dabei wird den besonderen Bedürfnissen von Frauen und Kindern mit Behinderungen und von Behinderung bedrohter Frauen und Kinder sowie Menschen mit seelischen Behinderungen oder von einer solchen Behinderung bedrohter Menschen Rechnung getragen.

Die neuen Formulierungen zeigen einige wichtige textliche Veränderungen gegenüber dem bisher geltenden Gesetz. Die »volle, wirksame und gleichberechtigte Teilhabe« stimmt mit der Formulierung im Artikel 1 der UN-BRK überein. Auch in der Forderung »Benachteiligungen zu vermeiden oder ihnen entgegenzuwirken« spiegelt sich der Geist der UN-BRK wider, die im Grundsatz ein Anti-Diskriminierungsgebot darstellt.

Begriffsbestimmungen

§ 2 SGB IX (seit 2018)

(1) Menschen mit Behinderungen sind Menschen, die körperliche, see-lische, geistige oder Sinnesbeeinträchtigungen haben, die sie in Wech-selwirkung mit einstellungs- und umweltbedingten Barrieren an der gleichberechtigten Teilhabe an der Gesellschaft mit hoher Wahrschein-lichkeit länger als sechs Monate hindern können. Eine Beeinträchti-gung nach Satz 1 liegt vor, wenn der Körper- und Gesundheitszustand von dem für das Lebensalter typischen Zustand abweicht. Menschen sind von Behinderung bedroht, wenn eine Beeinträchtigung nach Satz 1 zu erwarten ist.

Auch diese Bestimmung des Begriffs der Behinderung steht program-matisch für die Übereinstimmung des BTHG mit dem Geist der UN-BRK. Behinderung ist nicht mehr ein Merkmal eines Menschen, son-dern das Produkt der Wechselwirkung zwischen einer individuellen Beeinträchtigung und den Barrieren der Umwelt. Konsequenterwei-se sollte man eigentlich nicht mehr von Menschen mit Behinderung sprechen, sondern von Menschen mit krankheitsbedingten Teilha-beeinschränkungen. Dieses Verständnis von Behinderung entspricht auch dem der ICF, der Internationalen Klassifikation der Funktions-fähigkeit, Behinderung und Gesundheit, die das SGB IX wie ein roter Faden durchzieht.

Bedeutsam ist auch die Beschreibung der Barrieren. Die UN-BRK spricht nur von »verschiedenen Barrieren« (Art. 1 UN-BRK). Das BTHG weist mit dem Begriff der »einstellungsbedingten« Barrieren darauf hin, dass Barrieren nicht nur aus baulichen oder sinnesori-entierten Hürden bestehen, sondern auch aus Haltungen und gesell-schaftlichen Konventionen resultieren. Gerade für den Personenkreis der Menschen mit seelischen Beeinträchtigungen ist dies ein wichtiger Bezug. Der Abbau von Stigmatisierung wird damit zu einem wichtigen

Ziel von Leistungen der Rehabilitation und Teilhabe. Eine fachlich notwendige Unterstützung hat nicht allein die Person zum Gegenstand, sondern auch die Barrieren, die der Teilhabe entgegenstehen.

Vorrangregelungen

Schon in der Vergangenheit räumte das SGB IX den Leistungen zur Teilhabe den Vorrang gegenüber den Rentenleistungen und auch gegenüber den Leistungen der Pflege ein (§ 8 Abs. 2 u. 3 SGB IX). Diese Vorrangregelung bleibt im neuen SGB IX erhalten. So bleiben die Grundsätze »Rehabilitation vor Rente« und »Rehabilitation vor Pflege« uneingeschränkt erhalten:

Vorrangige Prüfung von Leistungen zur Teilhabe
§ 9 SGB IX (seit 2018)
Werden bei einem Rehabilitationsträger Sozialleistungen wegen oder unter Berücksichtigung einer Behinderung oder einer drohenden Behinderung beantragt oder erbracht, prüft dieser unabhängig von der Entscheidung über diese Leistungen, ob Leistungen zur
(1) Teilhabe voraussichtlich zur Erreichung der Ziele nach § 1 und § 4 erfolgreich sein können. Er prüft auch, ob hierfür weitere Rehabilitationsträger im Rahmen ihrer Zuständigkeit zur Koordinierung der Leistungen zu beteiligen sind. Werden Leistungen zur Teilhabe nach den Leistungsgesetzen nur auf Antrag erbracht, wirken die Rehabilitationsträger nach § 12 auf eine Antragstellung hin.

(2) Leistungen zur Teilhabe haben Vorrang vor Rentenleistungen, die bei erfolgreichen Leistungen zur Teilhabe nicht oder voraussichtlich erst zu einem späteren Zeitpunkt zu erbringen wären. Dies gilt während des Bezuges einer Rente entsprechend.

(3) Absatz 1 ist auch anzuwenden, um durch Leistungen zur Teilhabe Pflegebedürftigkeit zu vermeiden, zu überwinden, zu mindern oder eine Verschlimmerung zu verhüten. Die Aufgaben der Pflegekassen als Träger der sozialen Pflegeversicherung bei der Sicherung des Vorrangs von Rehabilitation vor Pflege nach § 18a und § 31 des Elften Buches bleiben unberührt.

(4) Absatz 1 gilt auch für die Jobcenter im Rahmen ihrer Zuständigkeit für Leistungen zur beruflichen Teilhabe nach § 6 Absatz 3 mit der Maßgabe, dass sie mögliche Rehabilitationsbedarfe erkennen und auf eine Antragstellung beim voraussichtlich zuständigen Rehabilitationsträger hinwirken sollen.

Neu ist die Aufnahme der Jobcenter in diese Regelungen. Diese ist erforderlich, da die Jobcenter selbst keine Rehabilitationsträger sind, sondern im Falle von Leistungen zur Teilhabe am Arbeitsleben die Aufgaben an die Agentur für Arbeit abgeben. Sie sollen ggf. aber – das zeigt sich auch in anderen Regelungen – an den Verfahren zur Einleitung von Maßnahmen zur Rehabilitation und Teilhabe sowie an den Bedarfsermittlungsverfahren beteiligt werden.

Zu den Vorrangregelungen gehört aber auch ein neuer Grundsatz, der eine bisherige Schwachstelle des SGB IX beseitigen soll. Alle Regelungen des SGB IX, die das Verfahren zur Feststellung eines Teilhabebedarfes sowie die Koordination und Verantwortlichkeit der beteiligten Leistungsträger bestimmen, sind seit 2018 allgemeine Grundsätze. Sie gehen den Regelungen der einzelnen Leistungsgesetze voraus, gelten also für alle (§ 7 Abs. 2 SGB IX neu). Im Einzelnen sind dies folgende Paragrafen:

Regelungen für Menschen mit Behinderungen
und von Behinderung bedrohte Menschen
SGB IX, Teil 1 – Übersicht
Kapitel 2
Einleitung der Rehabilitation von Amts wegen
§ 9 Vorrangige Prüfung von Leistungen zur Teilhabe
§ 10 Sicherung der Erwerbsfähigkeit
§ 11 Förderung von Modellvorhaben zur Stärkung der Rehabilitation

Kapitel 3
Erkennung und Ermittlung des Rehabilitationsbedarfs
§ 12 Maßnahmen zur Unterstützung der frühzeitigen Bedarfserkennung
§ 13 Instrumente zur Ermittlung des Rehabilitationsbedarfs

Kapitel 4
Koordinierung der Leistungen
§ 14 Leistender Rehabilitationsträger
§ 15 Leistungsverantwortung bei Mehrheit von Rehabilitationsträgern
§ 16 Erstattungsansprüche zwischen Rehabilitationsträgern
§ 17 Begutachtung
§ 18 Erstattung selbst beschaffter Leistungen
§ 19 Teilhabeplan
§ 20 Teilhabeplankonferenz
§ 21 Besondere Anforderungen an das Teilhabeplanverfahren
§ 22 Einbeziehung anderer öffentlicher Stellen
§ 23 Verantwortliche Stelle für den Sozialdatenschutz
§ 24 Vorläufige Leistungen

Die in diesen Paragrafen enthaltenen Regelungen des SGB IX gelten für alle Leistungsträger und haben daher grundsätzliche Bedeutung. Von diesen Verfahrensgrundsätzen darf in den einzelnen Leistungsgesetzen nicht abgewichen werden.

Leistungsgruppen

Die Leistungsgruppen des SGB IX werden teilweise neu gefasst. Neu ist vor allem der Begriff der sozialen Teilhabe, der an die Stelle der Leistungen zur Teilhabe am Leben in der Gemeinschaft tritt.

Leistungsgruppen
§ 5 SGB IX (seit 2018)
Zur Teilhabe am Leben in der Gesellschaft werden erbracht
1. Leistungen zur medizinischen Rehabilitation,
2. Leistungen zur Teilhabe am Arbeitsleben,
3. unterhaltssichernde und andere ergänzende Leistungen,
4. Leistungen zur Teilhabe an Bildung und
5. Leistungen zur sozialen Teilhabe.

Die Benennung von Leistungsgruppen hat insofern eine große Bedeutung, da beim Zusammentreffen von zwei oder mehreren Leistungsgruppen oder zwei oder mehreren Leistungsträgern die Regelungen zur Koordination und Teilhabeplanung zwingend zu beachten sind.

Hier ist eine Begriffsklärung erforderlich: Leistungen zur sozialen Teilhabe sind eine eigenständige Leistungsgruppe. Eingliederungshilfe als neuer Teil 2 des SGB IX umfasst mehr als die Leistungen zur sozialen Teilhabe. Wie schon bisher, gehören zur Eingliederungshilfe auch die Leistungen zur medizinischen Rehabilitation, zur Teilhabe am Arbeitsleben und zukünftig auch die Leistungen zur Teilhabe an Bildung, allerdings mit der Maßgabe, dass diese Leistungen nur dann durch den Träger der Eingliederungshilfe zu erbringen sind, wenn keine anderen Leistungsträger vorrangig zuständig sind (§ 91 SGB IX neu). Die Träger der Eingliederungshilfe sind aber die wesentlich zuständigen Träger für die Leistungen zur sozialen Teilhabe (neben den Trägern der Unfallversicherung, der Kriegsopferversorgung und den Trägern der

Jugendhilfe). Mehr noch: Die Leistungen zur sozialen Teilhabe sind Kernaufgaben der Träger der Eingliederungshilfe.

Antragsleistung

Leistungen zur sozialen Teilhabe bedürfen ab 2020 einer Antragstellung. Dies ist eine Folge der Überführung der Eingliederungshilfe aus der Sozialhilfe in ein modernes Teilhaberecht. Für die Sozialhilfe gilt der Grundsatz, dass der Träger der Sozialhilfe zum Eintreten verpflichtet ist, sobald ihm das Vorliegen der Voraussetzungen bekannt ist.

Einsetzen der Sozialhilfe
§ 18 SGB XII (bis 2020)
(1) Die Sozialhilfe, mit Ausnahme der Leistungen der Grundsicherung im Alter und bei Erwerbsminderung, setzt ein, sobald dem Träger der Sozialhilfe oder den von ihm beauftragten Stellen bekannt wird, dass die Voraussetzungen für die Leistung vorliegen.

Dieser heute oft vergessene Grundsatz verpflichtet die Träger der Sozialhilfe, ggf. auf eigene Initiative hin den Bedarf des anspruchsberechtigten Bürgers zu ermitteln. Das gilt ab 2020 für die Leistungen der Eingliederungshilfe nicht mehr. Künftig kommt also der Antragstellung eine besondere Bedeutung zu. Gerade für bestimmte Gruppen von Menschen mit seelischen Beeinträchtigungen wird diese Antragstellung eine neue Barriere darstellen. Gerade psychisch und auch chronisch suchtkranke Menschen werden sehr ermutigt werden müssen, sowohl einen Antrag zu stellen als auch einer Ablehnung aktiv entgegenzutreten.

Träger der Eingliederungshilfe

Die Länder sind gehalten zu bestimmen, wer der oder die Träger der Eingliederungshilfe im jeweiligen Bundesland sein werden.

Aufgaben der Länder

§ 94 SGB IX (ab 2020)

(1) Die Länder bestimmen die für die Durchführung dieses Teils zuständigen Träger der Eingliederungshilfe.

(2) Bei der Bestimmung durch Landesrecht ist sicherzustellen, dass die Träger der Eingliederungshilfe nach ihrer Leistungsfähigkeit zur Erfüllung dieser Aufgaben geeignet sind. Sind in einem Land mehrere Träger der Eingliederungshilfe bestimmt worden, unterstützen die obersten Landessozialbehörden die Träger bei der Durchführung der Aufgaben nach diesem Teil. Dabei sollen sie insbesondere den Erfahrungsaustausch zwischen den Trägern sowie die Entwicklung und Durchführung von Instrumenten zur zielgerichteten Erbringung und Überprüfung von Leistungen und der Qualitätssicherung einschließlich der Wirksamkeit der Leistungen fördern.

(3) Die Länder haben auf flächendeckende, bedarfsdeckende, am Sozialraum orientierte und inklusiv ausgerichtete Angebote von Leistungsanbietern hinzuwirken und unterstützen die Träger der Eingliederungshilfe bei der Umsetzung ihres Sicherstellungsauftrages.

Die Bundesländer müssen schon ab 2018 festlegen, wer Träger der Eingliederungshilfe sein wird. Die Festlegung wird erforderlich, da die Eingliederungshilfe später nicht mehr Bestandteil der Sozialhilfe sein wird und daher zwei verschiedene Leistungsträger nebeneinander bestehen werden.

Ergänzende unabhängige Teilhabeberatung

Alle Träger von Leistungen zur Rehabilitation und Teilhabe sind zur umfassenden Beratung der Leistungsberechtigten verpflichtet. Insbesondere den Trägern der Eingliederungshilfe werden umfangreiche Aufgaben der Beratung und Unterstützung übertragen.

Beratung und Unterstützung

§ 106 SGB IX (ab 2020)

(1) Zur Erfüllung der Aufgaben dieses Teils werden die Leistungsberechtigten, auf ihren Wunsch auch im Beisein einer Person ihres Vertrauens, vom Träger der Eingliederungshilfe beraten und, soweit erforderlich, unterstützt. Die Beratung erfolgt in einer für die Leistungsberechtigten wahrnehmbaren Form.

Auch die Unterstützung der Leistungsberechtigten muss weitgehende Leistungen enthalten. Der Gesetzgeber trägt der Sorge vieler Menschen mit Behinderungen Rechnung, dass die Leistungsträger nicht immer in der Lage sein werden, frei von eigenen Interessen zu beraten. Die gleiche Sorge gilt auch vielen Leistungserbringern und ihren Verbänden. Daher hat der Gesetzgeber zunächst für die Dauer von fünf Jahren die »ergänzende unabhängige Teilhabeberatung« geschaffen, die unabhängig von den Interessen von Leistungsträgern und Leistungserbringern Auskunft geben soll. Diese »EUTB«, wie sie nun genannt wird, soll in ganz Deutschland zur Verfügung stehen, offen sein für alle Menschen mit Fragen nach Rehabilitation und Teilhabe und in den Beratungsprozessen auch Menschen mit Behinderung, sogenannte »Peers«, integrieren. Welche Anbieter dieser ergänzenden unabhängigen Teilhabeberatung den Zuschlag erhalten, entscheidet das BMAS in Abstimmung mit den Landesregierungen der Bundesländer (§ 32 SGB IX neu).

Die Bundesregierung misst dem Aufbau der EUTB eine wesentliche Bedeutung zu und erwartet von diesen auch eine Rückkoppelung über die Umsetzung des BTHG in den Bundesländern. Die Bundesregierung stellt für die EUTB erhebliche finanzielle Mittel zur Verfügung. Dennoch werden die Beratungsstellen nur in begrenztem Umfang zur Verfügung stehen und müssen alle Felder der Rehabilitation und Teilhabe, von der Anschlussheilbehandlung nach einem medizinischen Eingriff bis zur Frage nach Leistungen zur Teilhabe von Menschen mit schweren psychotischen Erkrankungen, beraten können. Insofern ist die Zeitspanne von fünf Jahren, die das Gesetz aktuell vorsieht, äußerst knapp gefasst und man kann gespannt sein, ob die EUTB zur selbstbestimmten Entscheidungsfindung bei psychisch kranken und geistig behinderten Menschen beitragen kann.

Anrechnung von Einkommen und Vermögen

Die Herauslösung der Eingliederungshilfe aus der Sozialhilfe hat auch die Folge, dass Menschen mit Behinderungen und ihre Angehörigen nicht mehr weiter gezwungen sind, so lange die eigenen Mittel einzusetzen, bis die Betroffenen in der Armutsfalle der Sozialhilfe angekommen sind. Dieser Wunsch wurde insbesondere von den Verbänden der Menschen mit Behinderungen und den Wohlfahrtsverbänden formuliert; das BMAS selbst stellte sich dem nicht grundsätzlich entgegen, wies im Gesetzentwicklungsverfahren aber stets darauf hin, dass die Kostenträger (die Träger der Eingliederungshilfe) nicht überfordert werden dürfen.

Deshalb wird die Anrechnung von Einkommen und Vermögen schrittweise reduziert. In einem ersten kleinen Schritt wurden die Anrechnungsgrenzen noch in der Sozialhilfe für die Leistungen der Eingliederungshilfe etwas heraufgesetzt.

Erst in einem zweiten Schritt– ab 01.01.2020 mit der Überführung der Eingliederungshilfe in das SGB IX – werden neue Formen
der Heranziehung von Einkommen und Vermögen geschaffen.

Begriff des Vermögens
§ 139 SGB IX (ab 2020)
*Zum Vermögen im Sinne dieses Teils gehört das gesamte verwertbare
Vermögen. Die Leistungen nach diesem Teil dürfen nicht abhängig
gemacht werden vom Einsatz oder der Verwertung des Vermögens im
Sinne des § 90 Absatz 2 Nummer 1 bis 8 des Zwölften Buches und ei-
nes Barvermögens oder sonstiger Geldwerte bis zu einem Betrag von
150 Prozent der jährlichen Bezugsgröße nach § 18 Absatz 1 des Vierten
Buches.*

Die im letzten Satz genannte »Bezugsgröße« nach § 18 Abs. 1 SGB IV
ist ein vielfältig wichtiger Parameter für Grenzwerte in der Sozialversicherung. Sie markiert z. B. die Einkommensgrenze für die Familienversicherung oder die Bemessungsgrundlage für den Mindestbeitrag
freiwillig Versicherter. Der Betrag wird jährlich angepasst. Im Jahr
2017 betrug die Bezugsgröße 2.975 Euro monatlich oder 35.700 Euro
im Jahr. Der Vermögensfreibetrag nach § 139 SGB IX hätte also im
Jahr 2017 53.550 Euro betragen, wenn diese Regelung bereits gegolten
hätte. Vermögen von Ehepartnern werden in Zukunft völlig von der
Anrechnung freigestellt.

Hinsichtlich der Anrechnung von Einkommen werden ab dem
Jahr 2020 differenzierte Regelungen geschaffen:

Beitrag aus Einkommen zu den Aufwendungen
§ 136 Abs. 2 SGB IX (ab 2020)
*Ein Beitrag zu den Aufwendungen ist aufzubringen, wenn das Ein-
kommen im Sinne des § 135 überwiegend*

1. *aus einer sozialversicherungspflichtigen Beschäftigung oder selbst-ständigen Tätigkeit erzielt wird und 85 Prozent der jährlichen Bezugs-größe nach § 18 Absatz 1 des Vierten Buches übersteigt oder*

2. *aus einer nicht sozialversicherungspflichtigen Beschäftigung erzielt wird und 75 Prozent der jährlichen Bezugsgröße nach § 18 Absatz 1 des Vierten Buches übersteigt oder*

3. *aus Renteneinkünften erzielt wird und 60 Prozent der jährlichen Bezugsgröße nach § 18 Absatz 1 des Vierten Buches übersteigt.*

Auch für diese Anrechnung spielt die Bezugsgröße nach § 18 Abs. 1 SGB IV eine wesentliche Rolle. So wären z. B. Renteneinkünfte in einer Höhe von monatlich 1.785 Euro im Jahr 2017 anrechnungsfrei geblieben, wenn diese Regelung schon gegolten hätte. Auch hier werden Partnereinkünfte zukünftig nicht angerechnet.

Folgen für die psychiatrische Arbeit

Schon diese allgemeinen Grundsätze zeigen bereits den Umfang der Herausforderung, die sich für die Zukunft der Hilfen für psychisch erkrankte Menschen stellen werden. Sie beginnen bei dem Umstand, dass Leistungen der Eingliederungshilfe und insbesondere zur sozialen Teilhabe Antragsleistungen werden. Hinter dem Antrag steht die Erwartung, dass die Leistungen erfolgreich sein werden. Die Eingliederungshilfe wird damit in das System der Leistungen zur Rehabilitation und Teilhabe eingebettet, das wir schon lange kennen – auch mit seinen negativen Auswirkungen. Viele Menschen mit psychischen Beeinträchtigungen haben die Erfahrung gemacht, dass ein Antrag zunächst abgelehnt wurde und erst ein Widerspruch zur Leistung geführt hat. Für die Abfassung des Widerspruchs benötigt man Durchsetzungskraft und Unterstützung. Menschen mit psychischen Beeinträchtigungen werden bei der Antragstellung sehr unterstützt werden müssen und die Befähigung zur Antragstellung wird schon zu einem ersten neuen Verständnis im Umgang mit den Leistungsträgern führen müssen. Die ergänzende unabhängige Teilhabeberatung stellt daher ein ganz wichtiges Element in diesem neuen System dar.

Nun wissen wir aber auch, dass das System von Leistungen und Hilfen bei Menschen mit psychischen Beeinträchtigungen sehr komplex ist. Neben die Leistungen zur Rehabilitation und Teilhabe treten auch alle Behandlungsleistungen, die seit einigen Jahren immer unübersichtlicher werden. Gegenwärtig differenzieren sich Behandlungsleistungen nach Region und Krankenkasse zunehmend aus. Es hängt dabei von der Krankenkasse ab, welche Verträge sie mit welchen Leistungsanbietern in welcher Region zu welchem Zeitpunkt schließt.

Zukünftig wird sich das System der psychosozialen Hilfen in der Bundesrepublik noch weiter ausdifferenzieren, etwa wenn die »stationsäquivalente Behandlung« der Krankenhäuser eingeführt werden wird. Welche nicht außergewöhnlich sachkundige Stelle oder Person weiß, welche Krankenkasse welchen Vertrag mit welchen Anbieter über welche Behandlungsfälle geschlossen hat (»Integrierte Versorgung«), um nur ein Beispiel zu nennen? Wer weiß schon, was Soziotherapie wirklich ist? Jede Beratungsstelle, die nicht über ein besonderes Expertenteam verfügt, wird mit diesen Fragen überfordert sein. Es wird also zukünftig darauf ankommen, die Beziehungen zwischen den EUTB und dem psychiatrischen und psychosozialen Hilfesystem zu entwickeln und so aufzubauen, dass die EUTB das vorhandene Wissen nutzen kann, ohne sich abhängig zu machen. Es müssen auch lokal geeignete Wege gefunden werden, wie die Menschen mit psychischen Beeinträchtigungen, die nicht aktiv nach Hilfe suchen, den Zugang zur EUTB finden können. Es wäre sehr wünschenswert, wenn die EUTB auch aufsuchend Kontakte herstellen und beraten würden.

Hinsichtlich des Behinderungsbegriffs gilt es, sich zu vergegenwärtigen, dass die Unterstützung bei der vollen, wirksamen und gleichberechtigten Teilhabe am Leben in der Gemeinschaft nicht nur darauf zielt, die Menschen mit Behinderungen zu befähigen, sondern dass es ebenso darum geht, Barrieren im Sozialraum abzubauen. Die Befähigung zur Teilhabe wird zum zentralen Ziel aller Leistungen. Soziale Teilhabe wird nicht mehr nur daran zu messen sein, ob Menschen sich anpassen, sondern daran, ob ihre Möglichkeiten zur Teilhabe verbessert wurden. Dabei steht das Selbstbestimmungsrecht der Menschen stets im Mittelpunkt. Er definiert die von ihm gewünschte Form der Teilhabe.

Daraus bestimmen sich auch die Vorrangregelungen. Wir werden in den Abschnitten weiter unten sehen, wie der Gesetzgeber folgerichtig die Schnittstellen zwischen verschiedenen Leistungsträgern und die zwischen den Leistungen der Eingliederungshilfe und der Pflege ausgestaltet hat. Alle Regelungen dazu folgen dem Grundsatz, dass Leistungen zur Teilhabe Vorrang haben.

Zu erkennen ist, dass sich deutliche Verbesserungen für Menschen mit Behinderungen hinsichtlich der Anrechnung von Einkommen und Vermögen ergeben, auch wenn die vielfach weitergehenden Forderungen von Verbänden von Menschen mit Behinderungen nicht erfüllt wurden. Es ist damit zu rechnen, dass künftig mehr Menschen Leistungen zur sozialen Teilhabe in Anspruch nehmen können.

Für den Personenkreis von Menschen mit seelischen Beeinträchtigungen ergeben sich durch die höheren Freibeträge größere Anreize, einer Beschäftigung mit dem Erzielen von Einkommen nachzugehen. Zu bedenken ist allerdings immer, dass diese Grenzen für die Anrechnung von Einkommen und Vermögen nur für die Leistungen der Eingliederungshilfe gelten, nicht für die unterhaltssichernden Leistungen und nicht für die Hilfe zur Pflege.

Der Kern des BTHG:
Die Stärkung der Rechte von
Menschen mit Behinderungen

Die Regelungen zur Antragstellung, die Einhaltung von Fristen und manche anderen Regelungen des SGB IX sind seit 2001 trotz einschlägiger Rechtsprechung oft unbeachtet geblieben. Das BTGH stärkt die Rolle der anspruchsberechtigten Bürgerinnen und Bürger gegenüber den Rehabilitationsträgern, mal nur durch kleine Einfügungen, mal durch neue Vorschriften. Kleine Änderungen zeigen sich in den Vorschriften des § 14 SGB IX, in dem – wie bisher – festgehalten ist, dass ein Rehabilitationsträger innerhalb von zwei Wochen nach Antragseingang seine Zuständigkeit feststellen oder den Antrag an den zuständigen Leistungsträger weiterleiten muss. Neu ist, dass der Antragsteller über diese Weiterleitung unterrichtet werden muss (§ 14 Abs. 1 Satz 2 SGB IX). Werden Fristen nicht eingehalten, muss der Antragsteller hierüber mit Nennung der dafür maßgeblichen Gründe unterrichtet werden. Ferner ist in dieser begründeten Mitteilung ein Datum zu nennen, bis wann über den Antrag entschieden werden wird.

Erstattung selbst beschaffter Leistungen
§ 18 SGB IX (seit 2018)
(1) Kann über den Antrag auf Leistungen zur Teilhabe nicht innerhalb einer Frist von zwei Monaten ab Antragseingang bei dem leistenden Rehabilitationsträger entschieden werden, teilt er den Leistungsberechtigten vor Ablauf der Frist die Gründe schriftlich mit (begründete Mitteilung).

(2) In der begründeten Mitteilung ist auf den Tag genau zu bestimmen, bis wann über den Antrag entschieden wird. In der begründeten

Mitteilung kann der leistende Rehabilitationsträger die Frist von zwei Monaten nach Absatz 1 nur in folgendem Umfang verlängern:

1. um bis zu zwei Wochen zur Beauftragung eines Sachverständigen für die Begutachtung infolge einer nachweislich beschränkten Verfügbarkeit geeigneter Sachverständiger,

2. um bis zu vier Wochen, soweit von dem Sachverständigen die Notwendigkeit für einen solchen Zeitraum der Begutachtung schriftlich bestätigt wurde und

3. für die Dauer einer fehlenden Mitwirkung der Leistungsberechtigten, wenn und soweit den Leistungsberechtigten nach § 66 Absatz 3 des Ersten Buches schriftlich eine angemessene Frist zur Mitwirkung gesetzt wurde.

(3) Erfolgt keine begründete Mitteilung, gilt die beantragte Leistung nach Ablauf der Frist als genehmigt. Die beantragte Leistung gilt auch dann als genehmigt, wenn der in der Mitteilung bestimmte Zeitpunkt der Entscheidung über den Antrag ohne weitere begründete Mitteilung des Rehabilitationsträgers abgelaufen ist.

(4) Beschaffen sich Leistungsberechtigte eine als genehmigt geltende Leistung selbst, ist der leistende Rehabilitationsträger zur Erstattung der Aufwendungen für selbst beschaffte Leistungen verpflichtet. Mit der Erstattung gilt der Anspruch der Leistungsberechtigten auf die Erbringung der selbst beschafften Leistungen zur Teilhabe als erfüllt. Der Erstattungsanspruch umfasst auch die Zahlung von Abschlägen im Umfang fälliger Zahlungsverpflichtungen für selbst beschaffte Leistungen.

(5) Die Erstattungspflicht besteht nicht,
1. wenn und soweit kein Anspruch auf Bewilligung der selbst beschafften Leistungen bestanden hätte und

2. die Leistungsberechtigten dies wussten oder infolge grober Außerachtlassung der allgemeinen Sorgfalt nicht wussten.

(6) Die Absätze 1 bis 5 gelten nicht für die Träger der Eingliederungshilfe, der öffentlichen Jugendhilfe und der Kriegsopferfürsorge.

Insbesondere Absatz 3 stellt eine deutliche Stärkung der Leistungsberechtigten im Rehabilitationsverfahren dar. Darin zeigt sich deutlich, dass der Gesetzgeber dem beschleunigten Rehabilitationsverfahren des SGB IX nun zur Durchsetzung verhelfen will.

Teilhabeplanung

Völlig neu sind die Regelungen zur Teilhabeplanung im SGB IX, die seit dem 01.01.2018 für alle Rehabilitationsträger gelten.

Die Teilhabeplanung besteht im Wesentlichen aus zwei Teilen: dem Teilhabeplan und der Teilhabeplankonferenz.

Teilhabeplan
§ 19 SGB IX (seit 2018)
(1) Soweit Leistungen verschiedener Leistungsgruppen oder mehrerer Rehabilitationsträger erforderlich sind, ist der leistende Rehabilitationsträger dafür verantwortlich, dass er und die nach § 15 beteiligten Rehabilitationsträger im Benehmen miteinander und in Abstimmung mit den Leistungsberechtigten die nach dem individuellen Bedarf voraussichtlich erforderlichen Leistungen hinsichtlich Ziel, Art und Umfang funktionsbezogen feststellen und schriftlich so zusammenstellen, dass sie nahtlos ineinandergreifen.

(2) Der leistende Rehabilitationsträger erstellt in den Fällen nach Absatz 1 einen Teilhabeplan innerhalb der für die Entscheidung über den Antrag maßgeblichen Frist.
Der Teilhabeplan dokumentiert

1. den Tag des Antragseingangs beim leistenden Rehabilitationsträger und das Ergebnis der Zuständigkeitsklärung und Beteiligung nach § 14 und § 15,

2. die Feststellungen über den individuellen Rehabilitationsbedarf auf Grundlage der Bedarfsermittlung nach § 13,

3. die zur individuellen Bedarfsermittlung nach § 13 eingesetzten Instrumente,

4. die gutachterliche Stellungnahme der Bundesagentur für Arbeit nach § 54,

5. die Einbeziehung von Diensten und Einrichtungen bei der Leistungserbringung,

6. erreichbare und überprüfbare Teilhabeziele und deren Fortschreibung,

7. die Berücksichtigung des Wunsch- und Wahlrechts nach § 8, insbesondere im Hinblick auf die Ausführung von Leistungen durch ein Persönliches Budget,

8. die Dokumentation der einvernehmlichen, umfassenden und trägerübergreifenden Feststellung des Rehabilitationsbedarfs in den Fällen nach § 15 Absatz 3 Satz 1,

9. die Ergebnisse der Teilhabeplankonferenz nach § 20 und

10. die Erkenntnisse aus den Mitteilungen der nach § 22 einbezogenen anderen öffentlichen Stellen,

11. die besonderen Belange pflegender Angehöriger bei der Erbringung von Leistungen der medizinischen Rehabilitation.

Wenn Leistungsberechtigte die Erstellung eines Teilhabeplans wünschen und die Voraussetzungen nach Absatz 1 nicht vorliegen, ist Satz 2 entsprechend anzuwenden.

(3) Der Teilhabeplan wird entsprechend dem Verlauf der Rehabilitation angepasst und darauf ausgerichtet, den Leistungsberechtigten unter Berücksichtigung der Besonderheiten des Einzelfalls eine um-

fassende Teilhabe am Leben in der Gesellschaft zügig, wirksam, wirtschaftlich und auf Dauer zu ermöglichen. Dabei sichert der leistende Rehabilitationsträger durchgehend das Verfahren. Die Leistungsberechtigten können von dem leistenden Rehabilitationsträger Einsicht in den Teilhabeplan oder die Erteilung von Ablichtungen nach § 25 des Zehnten Buches verlangen.

Die jeweils letzten Sätze der Absätze (2) und (3) zeigen erneut die Stärkung der Menschen mit Behinderungen gegenüber den Leistungsträgern: Sie haben einen Anspruch auf einen Teilhabeplan und damit auf ein transparentes Verfahren, das den gesamten Prozess bis zu Gewährung der Leistung nachvollziehbar macht. Sie haben auch das Recht auf Einsichtnahme in den Teilhabeplan und können dort also alle Schritte nachverfolgen.

Dies setzt allerdings voraus, dass sie über ihre Rechte hinreichend informiert und in der Lage sind, ihre Wünsche geltend zu machen.

Ähnlich, aber nicht mit dem gleichen Rechtsanspruch, verhält es sich bei der Teilhabeplankonferenz.

Teilhabeplankonferenz
§ 20 SGB IX (seit 2018)
(1) Mit Zustimmung der Leistungsberechtigten kann der für die Durchführung des Teilhabeplanverfahrens nach § 19 verantwortliche Rehabilitationsträger zur gemeinsamen Beratung der Feststellungen zum Rehabilitationsbedarf eine Teilhabeplankonferenz durchführen. Die Leistungsberechtigten, die beteiligten Rehabilitationsträger und die Jobcenter können dem nach § 19 verantwortlichen Rehabilitationsträger die Durchführung einer Teilhabeplankonferenz vorschlagen. Von dem Vorschlag auf Durchführung einer Teilhabeplankonferenz kann abgewichen werden,

1. wenn der zur Feststellung des Rehabilitationsbedarfs maßgebliche Sachverhalt schriftlich ermittelt werden kann,

2. der Aufwand zur Durchführung nicht in einem angemessenen Verhältnis zum Umfang der beantragten Leistung steht oder

3. wenn eine Einwilligung nach § 23 Absatz 2 nicht erteilt wurde.

(2) Wird von dem Vorschlag der Leistungsberechtigten auf Durchführung einer Teilhabeplankonferenz abgewichen, sind die Leistungsberechtigten über die dafür maßgeblichen Gründe zu informieren und hierzu anzuhören.

Von dem Vorschlag der Leistungsberechtigten auf Durchführung einer Teilhabeplankonferenz kann nicht abgewichen werden, wenn Leistungen an Mütter und Väter mit Behinderungen bei der Versorgung und Betreuung ihrer Kinder beantragt wurden.

Auch hier wird die Rolle des Leistungsberechtigten, also des Menschen mit Behinderung, deutlich gestärkt. Er kann den Anspruch auf die Durchführung der Teilhabeplankonferenz erheben und es muss gute Gründe geben, um von seinem Vorschlag abweichen zu können. Insbesondere die Formulierung, dass er »über die dafür maßgeblichen Gründe zu informieren und hierzu anzuhören ist« dürfte noch viele Diskussionen auslösen. Jede Anhörung wird zur Folge haben, dass die vom Leistungsberechtigten geäußerten Gründe gewertet werden müssen. Eine einfache pauschalierte Form der Ablehnung in Gestalt von vorgefertigten Textbausteinen wird nicht ausreichen. Auch dies wird – wie alle Regelungen – davon abhängig sein, dass Menschen mit Behinderung diese Rechte geltend machen und aktiv einfordern.

Wir dürfen gespannt sein, wie das Bundessozialgericht in einigen Jahren über die Kriterien möglicher Ablehnungen von Wünschen nach einer Teilhabeplankonferenz entscheiden wird.

Im Rahmen des Gesetzgebungsverfahrens wurde seitens des BMAS wiederholt darauf hingewiesen, dass nicht in jedem Fall eine

Teilhabeplankonferenz erforderlich ist. Wenn z.B. ein Mensch mit Behinderung nach einer Operation eine Anschlussheilbehandlung benötigt, dann kann durchaus auf eine Teilhabeplankonferenz verzichtet werden, wenn die Nahtlosigkeit der Rehabilitationsmaßnahme im Anschluss an die medizinische Behandlung das vorrangige Interesse ist. Umgekehrt kann eine Teilhabeplankonferenz ein wichtiges Instrument werden, um z.B. die Leistungen zur Teilhabe am Arbeitsleben und die der sozialen Teilhabe miteinander abzustimmen. Mit Blick auf die Menschen, die in heutigen stationären oder ambulanten Wohnformen unterstützt werden und einen Antrag auf Rehabilitation bei der Agentur für Arbeit stellen, ist das kein seltener Fall. Insbesondere auch bei jungen heranwachsenden Menschen, bei denen Leistungen der sozialen Teilhabe und Leistungen zur Bildung gleichermaßen geboten sind, wird eine Teilhabeplankonferenz sinnvoll sein.

Was ist die Teilhabeplankonferenz? Auch dies wird geregelt:

§ 20 SGB IX (seit 2018)

(3) An der Teilhabeplankonferenz nehmen Beteiligte nach § 12 des Zehnten Buches sowie auf Wunsch der Leistungsberechtigten die Bevollmächtigten und Beistände nach § 13 des Zehnten Buches teil. Auf Wunsch oder mit Zustimmung der Leistungsberechtigten können Rehabilitationsdienste, Rehabilitationseinrichtungen und Jobcenter sowie sonstige beteiligte Leistungserbringer an der Teilhabeplankonferenz teilnehmen. Vor der Durchführung einer Teilhabeplankonferenz sollen die Leistungsberechtigten auf die Angebote der ergänzenden unabhängigen Teilhabeberatung nach § 32 besonders hingewiesen werden.

Nicht unwesentlich für die weitere Betrachtung ist, dass für den Fall der Beteiligung des Eingliederungshilfeträgers an einem Teilhabeplanverfahren auch die Rolle des Gesamtplanverfahrens berührt wird. Auch für diesen Fall hat das Gesetz eine Regelung geschaffen:

Besondere Anforderungen an das Teilhabeplanverfahren
§ 21 SGB IX (seit 2018)

Ist der Träger der Eingliederungshilfe der für die Durchführung des Teilhabeplanverfahrens verantwortliche Rehabilitationsträger, gelten für ihn die Vorschriften für die Gesamtplanung ergänzend; dabei ist das Gesamtplanverfahren ein Gegenstand des Teilhabeplanverfahrens. Ist der Träger der öffentlichen Jugendhilfe der für die Durchführung des Teilhabeplans verantwortliche Rehabilitationsträger, gelten für ihn die Vorschriften für den Hilfeplan nach § 36 des Achten Buches ergänzend.

Ist der Träger der Eingliederungshilfe der für die Durchführung des Teilhabeplanverfahrens verantwortliche Rehabilitationsträger, wird das Gesamtplanverfahren also zum Teil des Teilhabeplanverfahrens. Diese Vorschrift ist insoweit von Bedeutung, als die Verfahrensvorschriften zum Gesamtplanverfahren in Teilen anders ausgestaltet sind. Im Teilhabeplanverfahren sind ausdrücklich auch Rehabilitationsdienste und -einrichtungen sowie andere Leistungserbringer als Beteiligte genannt.

Damit hat der Gesetzgeber auf das Argument reagiert, dass im Rahmen einer differenzierten Teilhabeplanung auch das Wissen und die Erfahrungen von Einrichtungen und Diensten einbezogen werden sollen, die zur Klärung des Bedarfs und der notwendigen Leistungen beitragen können. Mit Blick auf die psychiatrische Versorgung ist festzuhalten, dass im Rahmen dieser Regelungen auch Mitarbeitende von Krankenhäusern, ambulanten und Sozialpsychiatrischen Diensten an den Teilhabeplankonferenzen teilnehmen können. Allerdings setzt dies das Einverständnis der Menschen mit Behinderungen voraus.

In all diesen Vorschriften zeigt sich die veränderte Rolle, die das BTHG den Menschen mit Behinderungen zugesteht: Sie treten als aktive und selbstbewusste Akteure den Trägern der Rehabilitation entgegen und werden in dieser Rolle gestärkt. Allerdings ist das für die Menschen, die sich selbst nicht selbstbestimmt und selbstbewusst vertreten können, wie gerade gelegentlich auch Menschen mit psychischen Beeinträchtigungen, eine besondere Herausforderung. Gerade sie bedürfen also der besonderen Unterstützung und Befähigung, insbesondere bei der Wahrnehmung ihrer Rechte im Verfahren.

Gesamtplanverfahren

Den Begriff des Gesamtplans gibt es in der Eingliederungshilfe schon seit vielen Jahrzehnten (§ 58 SGB XII). Durch das BTHG werden die Regelungen zum Gesamtplanverfahren allerdings zum ersten Mal umfassend ausgestaltet. Auch hier zeigt sich erneut, dass die Antragstellenden am gesamten Verfahren zu beteiligen sind.

Völlig neu sind die allgemeinen Vorschriften. Sie wurden am 01.01.2018 in das Sozialhilferecht übernommen und entfalten daher schon in der Zeit, in der sich die Träger der Eingliederungshilfe auf die Umsetzung des BTHG vorbereiten, Bedeutung und – vielleicht – auch Wirkung.

Gesamtplanverfahren
§ 117 SGB IX (ab 2020, seit 2018 § 141 SGB XII)
(1) Das Gesamtplanverfahren ist nach folgenden Maßstäben durchzuführen:
1. Beteiligung des Leistungsberechtigten in allen Verfahrensschritten, beginnend mit der Beratung,
2. Dokumentation der Wünsche des Leistungsberechtigten zu Ziel und Art der Leistungen,
3. Beachtung der Kriterien
a) transparent,
b) trägerübergreifend,

c) interdisziplinär,

d) konsensorientiert,

e) individuell,

f) lebensweltbezogen,

g) sozialraumorientiert und

h) zielorientiert,

4. Ermittlung des individuellen Bedarfes,

5. Durchführung einer Gesamtplankonferenz,

6. Abstimmung der Leistungen nach Inhalt, Umfang und Dauer in einer Gesamtplankonferenz unter Beteiligung betroffener Leistungsträger.

(2) Am Gesamtplanverfahren wird auf Verlangen der Leistungsberechtigten eine Person ihres Vertrauens beteiligt.

Diese Regelungen machen erneut deutlich, dass die Person des Leistungsberechtigten nach dem Grundsatz »nicht ohne uns über uns« in jeder Phase des Verfahrens zu beteiligen ist, auch wenn das Gesamtplanverfahren anders ausgestaltet ist als das Teilhabeplanverfahren. Die im Absatz 1 genannten Kriterien könnten einem Fachbuch über soziale Arbeit in der psychiatrischen Versorgung entnommen sein. Sie zu beachten ist für die weitere Betrachtung des Verfahrens von wesentlicher Bedeutung. Vielfach vermitteln die Vorschriften zum Gesamtplanverfahren die Grundhaltung, dass der Träger der Eingliederungshilfe mit dem mündigen Bürger dessen Bedarf klärt und feststellt und dieser sich dann einen geeigneten Leistungserbringer für die Umsetzung des Gesamtplans sucht. Das ist eine angemessene Vorgehensweise, insbesondere bei Menschen, die sich ihres eigenen Bedarfs selbst gut bewusst sind. Nicht wenige Menschen mit psychischen Erkrankungen bedürfen allerdings der Hilfestellung und Motivation, um Hilfen überhaupt in Anspruch zu nehmen. Psychische Erkrankungen können dazu beitragen, die eigene Situation nicht mehr angemessen beurteilen zu können. Die Beachtung der in § 117 Abs. 1 Nr. 3 SGB IX genannten Kriterien verpflichtet den Träger der Eingliederungshilfe, das Verfahren so auszugestalten, dass auch Menschen, die nicht selbst aktiv Hilfe einfordern, angemessen unterstützt werden. Daher sind die Kriterien der Transparenz, Interdisziplinarität, Lebensweltbezogenheit und Sozialraumorientierung, um nur einige herauszuheben, von herausragender Bedeutung.

Der Träger der Eingliederungshilfe kann eine Gesamtplankonferenz durchführen.

Gesamtplankonferenz
§ 119 SGB IX (ab 2020, seit 2018 § 143 SGB XII)
(1) Mit Zustimmung des Leistungsberechtigten kann der Träger der Eingliederungshilfe eine Gesamtplankonferenz durchführen, um die Leistungen für den Leistungsberechtigten nach den Kapiteln 3 bis 6 sicherzustellen. Die Leistungsberechtigten und die beteiligten Rehabilitationsträger können dem nach § 15 verantwortlichen Träger der Eingliederungshilfe die Durchführung einer Gesamtplankonferenz vorschlagen. Den Vorschlag auf Durchführung einer Gesamtplankonferenz kann der Träger der Eingliederungshilfe ablehnen, wenn der maßgebliche Sachverhalt schriftlich ermittelt werden kann oder der Aufwand zur Durchführung nicht in einem angemessenen Verhältnis zum Umfang der beantragten Leistung steht.

(2) In einer Gesamtplankonferenz beraten der Träger der Eingliederungshilfe, der Leistungsberechtigte und beteiligte Leistungsträger gemeinsam auf der Grundlage des Ergebnisses der Bedarfsermittlung nach § 118 mit den Leistungsberechtigten insbesondere über
1. die Stellungnahmen der beteiligten Leistungsträger und der gutachterlichen Stellungnahme des Leistungserbringers bei Beendigung der Leistungen zur beruflichen Bildung nach § 57,

2. *die Wünsche der Leistungsberechtigten nach § 104 Abs. 2 bis 4,*

3. *den Beratungs- und Unterstützungsbedarf nach § 106,*

4. *die Erbringung der Leistung.*

Soweit die Beratung über die Erbringung der Leistungen nach Nummer 4 den Lebensunterhalt betrifft, umfasst sie den Anteil des Regelsatzes nach § 27a Absatz 3 des Zwölften Buches, der den Leistungsberechtigten als Barmittel verbleibt.

(3) Ist der Träger der Eingliederungshilfe Leistungsverantwortlicher nach § 15, soll er die Gesamtplankonferenz mit einer Teilhabeplankonferenz nach § 20 verbinden. Ist der Träger der Eingliederungshilfe nicht Leistungsverantwortlicher nach § 15, soll er nach § 19 Absatz 5 den Leistungsberechtigten und den Rehabilitationsträgern anbieten, mit deren Einvernehmen das Verfahren anstelle des leistenden Rehabilitationsträgers durchzuführen.

Es ist erkennbar, dass die Einberufung einer Gesamtplankonferenz eine Möglichkeit ist, die der Träger der Eingliederungshilfe nutzen kann. Wenn er die im Gesetz vorgesehene Möglichkeit ausschöpfen möchte, die vorrangigen Leistungsträger einzubeziehen und sich damit von Kosten zu entlasten, wird er die Möglichkeiten schätzen.

Der Gesetzgeber hat den leistungsberechtigten Bürgerinnen und Bürgern ein gewisses Anspruchsrecht auf die Durchführung einer Gesamtplankonferenz eingeräumt. Dies ist aber schwächer ausgestaltet als das Anspruchsrecht auf Durchführung einer Teilhabeplankonferenz. Der Träger der Eingliederungshilfe muss seine Entscheidung für oder gegen eine Gesamtplankonferenz nicht begründen und den Leistungsberechtigten auch nicht anhören. Gründe für diesen Unterschied sind weder dem Gesetz noch seiner Begründung zu entnehmen.

Es ist zu vermuten, dass hier der Gesetzgeber die Rolle des Trägers der Eingliederungshilfe deutlicher stärken wollte, allerdings eher gegenüber den Leistungserbringern als gegenüber den betroffenen

Menschen. So sind auch die Leistungserbringer in der Aufzählung der Beteiligten nicht erwähnt. Allerdings – auch dies ist ein Unterschied zum Teilhabeplanverfahren – steht das Gesamtplanverfahren unter den Vorgaben des § 117 SGB IX und damit unter dem Grundsatz der dort genannten Kriterien (transparent, trägerübergreifend, interdisziplinär, konsensorientiert, individuell, lebensweltbezogen, sozialraumorientiert und zielorientiert), d. h. auch der dort möglichen Beteiligung einer Vertrauensperson des Beteiligten, die eben auch eine Fachkraft sein kann. Schon allein aus dieser Kombination der Vorschriften ergeben sie gute Gründe, im Rahmen von Gesamtplankonferenzen die Verfahren transparent und nachvollziehbar zu gestalten.

Wichtig ist der Absatz 3 des neuen § 119 SGB IX. Dort wird der Anspruch des Eingliederungshilfeträgers formuliert. Die Träger der Eingliederungshilfe sollen beim Zusammentreffen verschiedener Rehabilitationsträger den anderen Trägern anbieten, die Rolle des »leistenden Rehabilitationsträgers« zu übernehmen, d. h. die Koordination des Bedarfsermittlungsverfahrens, der Teilhabeplanung und der Leistungen verantwortlich zu übernehmen.

Die im Gesetz verankerte Soll-Vorschrift macht zweierlei deutlich: Zum einen, dass dem Gesetzgeber bewusst war, dass Eingliederungshilfeträger bereits vielfach Leistungen übernehmen, denen sich andere Rehabilitationsträger verweigern. Diesem Zustand will der Gesetzgeber Abhilfe schaffen. Zum anderen wird auch deutlich, dass die anderen Rehabilitationsträger sich erfolgreich dagegen gewehrt haben, dass dem Träger der Eingliederungshilfe grundsätzlich immer die Rolle des leistenden Rehabilitationsträgers zufällt, daher die Formulierung, dass ein »Angebot« erfolgen »soll«.

Aus diesen Vorschriften wird verständlich, warum die Mitarbeiter des BMAS im Rahmen des Gesetzgebungsverfahrens in vielen Vorträgen vermittelt haben, dass sie in der Ausgestaltung von Gesamtplanung und Teilhabeplanung das Kernstück darin sehen, die Träger der Eingliederungshilfe vor neuen Ausgabendynamiken zu bewahren. Denn durch eine differenzierte Teilhabeplanung können die anderen Leistungsträger wirkungsvoller zur Wahrnehmung ihrer Aufgaben veranlasst werden – so jedenfalls die Absicht.

Der Gesamtplan selbst wird gegenüber den Vorschriften in § 58 SGB XII weit ausführlicher ausgestaltet.

Gesamtplan

§ 121 SGB IX (ab 2020, seit 2018 § 144 SGB XII)

(1) Der Träger der Eingliederungshilfe stellt unverzüglich nach der Feststellung der Leistungen einen Gesamtplan insbesondere zur Durchführung der einzelnen Leistungen oder einer Einzelleistung auf.

(2) Der Gesamtplan dient der Steuerung, Wirkungskontrolle und Dokumentation des Teilhabeprozesses. Er bedarf der Schriftform und soll regelmäßig, spätestens nach zwei Jahren, überprüft und fortgeschrieben werden.

(3) Bei der Aufstellung des Gesamtplanes wirkt der Träger der Eingliederungshilfe zusammen mit

1. dem Leistungsberechtigten,

2. einer Person ihres Vertrauens und

3. dem im Einzelfall Beteiligten, insbesondere mit

a) dem behandelnden Arzt,

b) dem Gesundheitsamt,

c) dem Landesarzt,

d) dem Jugendamt und

e) den Dienststellen der Bundesagentur für Arbeit.

(4) Der Gesamtplan enthält neben den Inhalten nach § 19 mindestens

1. die im Rahmen der Gesamtplanung eingesetzten Verfahren und Instrumente sowie die Maßstäbe und Kriterien der Wirkungskontrolle einschließlich des Überprüfungszeitpunkts,

2. die Aktivitäten der Leistungsberechtigten,

3. die Feststellungen über die verfügbaren und aktivierbaren Selbsthil-feressourcen des Leistungsberechtigten sowie über Art, Inhalt, Umfang und Dauer der zu erbringenden Leistungen,

4. die Berücksichtigung des Wunsch- und Wahlrechts nach § 8 im Hin-blick auf eine pauschale Geldleistung,

5. die Erkenntnisse aus vorliegenden sozialmedizinischen Gutachten und

6. das Ergebnis über die Beratung des Anteils des Regelsatzes nach § 27a Absatz 3 des Zwölften Buches, der den Leistungsberechtigten als Barmittel verbleibt.

(5) Der Träger der Eingliederungshilfe stellt der leistungsberechtigten Person den Gesamtplan zur Verfügung.

Auch aus diesen Vorschriften zum Gesamtplan wird erkennbar, dass das Verfahren transparent erfolgen soll. Bemerkenswert ist, dass der Gesamtplan der leistungsberechtigten Person »zur Verfügung« gestellt wird. Also nicht nur auf Antrag oder Wunsch, sondern regelhaft. Mit Abs. 4 Satz 1 wird der Bezug des Gesamtplans zum Teilhabeplan her-gestellt, in dem die Inhalte des Teilhabeplans auch im Gesamtplan zu finden sein müssen und um mindestens die in der nachfolgenden Auf-zählung genannten weiteren Aspekte ergänzt werden. Auch dies wird in der Umsetzung zu beachten sein.

Neu ist auch eine ergänzende Vorschrift zur Vereinbarung von Teilhabezielen:

Teilhabezielvereinbarung
§ 122 SGB IX (ab 2020, seit 2018 § 145 SGB XII)
Der Träger der Eingliederungshilfe kann mit dem Leistungsberech-tigten eine Teilhabezielvereinbarung zur Umsetzung der Mindestin-halte des Gesamtplanes oder von Teilen der Mindestinhalte des Ge-

samtplanes abschließen. Die Vereinbarung wird für die Dauer des Bewilligungszeitraumes der Leistungen der Eingliederungshilfe abgeschlossen, soweit sich aus ihr nichts Abweichendes ergibt. Bestehen Anhaltspunkte dafür, dass die Vereinbarungsziele nicht oder nicht mehr erreicht werden, hat der Träger der Eingliederungshilfe die Teilhabezielvereinbarung anzupassen. Die Kriterien nach § 117 Absatz 1 Nummer 3 gelten entsprechend.

Die Begründung führt hierzu aus, dass diese Teilhabezielvereinbarung nicht unbedingt ein neues Dokument sein muss, sondern auch die im Rahmen der Bedarfsermittlung und -feststellung ausformulierten Ziele könnten geeignet sein, durch gegenseitige Unterschrift zu einer Zielvereinbarung zu führen. Aus dieser Begründung ist zu entnehmen, dass die Formulierung von Zielen zum Bereich der Bedarfsermittlung und -feststellung gehören soll. Zugleich stellt sie auch dieses Verfahren in einen Rahmen des Herstellens von Verständigung und Vereinbarung. Ob dies ohne Beteiligung der Leistungserbringer möglich sein kann, darf für einen Teil der Menschen, die von diesen Regelungen berührt sind, bezweifelt werden. Denn die Arbeit an Zielen ist bei Menschen, die nicht eindeutig und selbstbewusst ihre Anliegen vortragen können oder wollen, ein stetiger Prozess des Aushandelns, der Verständigung und der Klärung, der alle beteiligten Akteure zu einer Verständigung zwingt.

Wunsch- und Wahlrecht

Unter dem Aspekt der Stärkung des Selbstbestimmungsrechts der Menschen mit Behinderungen ist auf eine zentrale Neuregelung hinzuweisen, die allerdings erst 2020 in Kraft tritt.

Leistungen nach der Besonderheit des Einzelfalles
§ 104 SGB IX (ab 2020)

(1) Die Leistungen der Eingliederungshilfe bestimmen sich nach der Besonderheit des Einzelfalles, insbesondere nach der Art des Bedarfes, den persönlichen Verhältnissen, dem Sozialraum und den eigenen Kräften und Mitteln; dabei ist auch die Wohnform zu würdigen. Sie werden so lange geleistet, wie die Teilhabeziele nach Maßgabe des Gesamtplanes (§ 121) erreichbar sind.

(2) Wünschen der Leistungsberechtigten, die sich auf die Gestaltung der Leistung richten, ist zu entsprechen, soweit sie angemessen sind. Die Wünsche der Leistungsberechtigten gelten nicht als angemessen,

1. wenn und soweit die Höhe der Kosten der gewünschten Leistung die Höhe der Kosten für eine vergleichbare Leistung von Leistungserbringern, mit denen eine Vereinbarung nach Kapitel 8 besteht, unverhältnismäßig übersteigt und

2. wenn der Bedarf nach der Besonderheit des Einzelfalles durch die vergleichbare Leistung gedeckt werden kann.

(3) Bei der Entscheidung nach Absatz 2 ist zunächst die Zumutbarkeit einer von den Wünschen des Leistungsberechtigten abweichenden Leistung zu prüfen. Dabei sind die persönlichen, familiären und örtlichen Umstände einschließlich der gewünschten Wohnform angemessen zu berücksichtigen. Kommt danach ein Wohnen außerhalb von besonderen Wohnformen in Betracht, ist dieser Wohnform der Vorzug zu geben, wenn dies von der leistungsberechtigten Person gewünscht wird. Soweit die leistungsberechtigte Person dies wünscht, sind in diesem Fall die im Zusammenhang mit dem Wohnen stehenden Assistenzleistungen nach § 113 Absatz 2 Nummer 2 im Bereich der Gestaltung sozialer Beziehungen und der persönlichen Lebensplanung

nicht gemeinsam zu erbringen nach § 116 Absatz 2 Nummer 1. Bei Un-
zumutbarkeit einer abweichenden Leistungsgestaltung ist ein Kosten-
vergleich nicht vorzunehmen.

In dieser Neuregelung offenbart sich der Grundsatz des Gesetzes im
Geiste der UN-BRK am deutlichsten: Bei einer von den Wünschen
des Leistungsberechtigten abweichenden Leistung ist die Zumutbarkeit zu prüfen. Im Rahmen dieser Zumutbarkeitsprüfung »sind die
persönlichen, familiären und örtlichen Umstände einschließlich der
gewünschten Wohnform angemessen zu berücksichtigen«. Nicht der
Leistungsberechtigte muss nachweisen, dass er in der Lage ist, entsprechend seinen Wünschen zu leben, sondern dem Leistungsträger wird
die Pflicht auferlegt, den Wünschen des Menschen mit Behinderung
zu entsprechen.

Auch der nachfolgende Satz birgt Sprengkraft: »Kommt danach
ein Wohnen außerhalb von besonderen Wohnformen in Betracht, ist
dieser Wohnform der Vorzug zu geben, wenn dies von der leistungsberechtigten Person gewünscht wird.« Diese geradezu literarische Formulierung wird mit großer Sicherheit eine Auslegung des Bundesso-
zialgerichtes nach sich ziehen, denn »ist ... der Vorzug zu geben« ist
nicht identisch mit »ist diesem Wunsch zu entsprechen«. Es bleibt also
eine »Hintertür« offen, dass nicht jedem Wunsch eines leistungsberechtigten Bürgers entsprochen werden muss. Dennoch ist dieser Satz
ein starkes Signal, dass im Grundsatz keinem Menschen ein Wohnen
in besonderen Wohnformen mehr zugemutet werden darf, wenn er
dies nicht will. Damit wird zum einen der Artikel 19 der UN-BRK umgesetzt, dem zufolge »Menschen mit Behinderungen gleichberechtigt
die Möglichkeit haben, ihren Aufenthaltsort zu wählen und zu entscheiden, wo und mit wem sie leben, und nicht verpflichtet sind, in
besonderen Wohnformen zu leben«. Zum anderen wird die Absicht
des Gesetzes deutlich, durch die Beschränkung der Eingliederungshil-

fe auf rein fachliche personenzentrierte Leistungen die Möglichkeiten ambulant ausgestalteter Hilfen umfassend zu stärken. Menschen, die den Wunsch haben, in ihrer vertrauten häuslichen Umgebung die notwendigen Hilfen in Anspruch zu nehmen, haben nun sehr gute rechtliche Argumente auf ihrer Seite. Es bedarf schon sehr außergewöhnlicher Gründe, um ihnen eine besondere Wohnform gegen ihren Willen zumuten zu können. Damit ist dieser Anspruch von Menschen mit Behinderung eine der großen Herausforderung für die Leistungsträger und die Leistungserbringer.

Eine wesentliche Herausforderung wird die Versorgung mit Wohnraum darstellen, denn eine indirekte Folge des BTHG kann auch sein, dass sich die Träger der Eingliederungshilfe nicht mehr in der Zuständigkeit für geeigneten Wohnraum sehen. Die gesplittete Verantwortung für ausreichenden Wohnraum wird sich zu einem zusätzlichen Problem entwickeln, immer vorausgesetzt, es fühlt sich in Politik und Administration der Länder und Kommunen überhaupt jemand für die Wohnraumfrage zuständig.

Eine Herausforderung für die Träger der Eingliederungshilfe wird sein, Leistungen so anzubieten, dass Menschen mit Behinderungen im gewünschten häuslichen Wohnumfeld bleiben können und nicht wegen vielfältiger Unterstützungsbedarfe wieder auf wohnortferne Heimleistungen verwiesen werden.

Entscheidung über die Leistung

Mit einem kleinen Satz hat der Gesetzgeber die Stärkung der Rechte von Menschen mit Behinderungen zum Ausdruck gebracht:

Assistenzleistungen
§ 78 SGB IX (ab 2020)
(2) Die Leistungsberechtigten entscheiden auf der Grundlage des Teil-
habeplans nach § 19 über die konkrete Gestaltung der Leistungen hin-
sichtlich Ablauf, Ort und Zeitpunkt der Inanspruchnahme.

Darin wird deutlich, dass die konkrete Gestaltung der Leistung nicht
Gegenstand des Teilhabeplans ist, sondern der Verhandlung zwischen
Leistungsberechtigtem und Leistungserbringer unterliegt. Auf diesem
Grundsatz beruht das Assistenzmodell, das viele Menschen mit kör-
perlichen Behinderungen oder Sinnesbeeinträchtigungen seit vielen
Jahren erfolgreich nutzen, es ist nun für alle Menschen mit Behinde-
rungen umzusetzen. Wie das in der psychiatrischen Versorgung gelin-
gen kann, wird sicher noch viele Diskussionen anstoßen.

Zugleich wird hier eine neue Trennung zwischen Bedarfsermittlung, Bedarfsfeststellung einerseits und konkreter Leistungsplanung
andererseits eingeführt. Wie dies in der Zukunft ausgestaltet werden
wird, gehört zu den offenen Fragen der Umsetzung des Gesetzes. Es
wird eine Herausforderung werden, das Verfahren so zu gestalten,
dass Menschen mit psychischen Erkrankungen, die oft erst einer auf
Vertrauen gegründeten Beziehung bedürfen, um ihre Lebenssituation,
ihre Wünsche, Vorstellungen und den ihnen begegnenden Barrieren
zu offenbaren, nicht mit diesen zwei getrennten Schritten überfordert
werden. Es spricht vieles dafür, die in Hilfeplankonferenzen bewähr-
ten Verfahren der offenen und transparenten Zugangssteuerung auf-
rechtzuerhalten und sie weiterzuentwickeln.

Folgen für die psychiatrische Arbeit

Kern der zukünftigen Verfahren bei einer Antragstellung zu einer
Leistung der Rehabilitation oder Teilhabe ist das Teilhabeplanverfah-

ren, bei einer ausschließlichen Leistung der Eingliederungshilfe ist es das Gesamtplanverfahren. Diese Verfahren sind seitens der Träger von Rehabilitation und Teilhabe, insbesondere bei den Agenturen für Arbeit, der Rentenversicherung und den Krankenkassen bisher nicht eingeführt und daher auch nicht geübt. Der Teilhabeplan wird in der Zukunft das wesentliche Element der Planung von Hilfen und Maßnahmen für Menschen mit seelischen Beeinträchtigungen sein. Auf ihn viel Aufmerksamkeit zu verwenden und gute Instrumente zu entwickeln, die den Anspruchsberechtigten auch tatsächlich und nicht nur der Form nach gerecht werden, gehört zu den Aufgaben der nahen Zukunft.

Auch die Beteiligung von Menschen mit Behinderungen an diesen Verfahren ist für alle Neuland. Da das Erstellen eines Teilhabeplans und die Durchführung einer Teilhabeplankonferenz nur von den anspruchsberechtigten Menschen verlangt werden kann, muss die zukünftige fachliche Arbeit darauf gerichtet sein, die Betroffenen zu ermutigen und zu stärken, ihre Rolle gegenüber den Trägern der Rehabilitation aktiv wahrzunehmen, auf die Einhaltung der Fristen zu achten und Einsicht in die Planung zu verlangen. Analoges gilt auch für die Träger der Eingliederungshilfen, wenngleich mancherorts hier schon Erfahrungen mit der Durchführung von Hilfeplanverfahren bestehen (nähere Informationen zu den in vielen Gemeindepsychiatrischen Verbünden praktizierten Verfahren unter www.bag-gpv.de).

Zu der erforderlichen Ermutigung und Befähigung der betroffenen Bürger muss auch die Unterstützung durch die rechtlichen Betreuer nach dem BGB gezählt werden. Auch diesen und bevollmächtigten Personen obliegt künftig die Verantwortung, die Klienten in der Wahrnehmung ihrer Rechte zu unterstützen. Dementsprechend ist die Methode der unterstützten Entscheidungsfindung anstelle der stellvertretenden Entscheidung anzuwenden.

Für die Eingliederungshilfe, insbesondere für die Leistungen zur sozialen Teilhabe, gelten zusätzlich die besonderen Anforderungen des neuen § 117 SGB IX. bzw. des § 141 SGB XII. Auch ihnen muss zur Geltung verholfen werden. Dies ist gerade in den ersten Jahren der Entwicklung der konkreten Verfahren in den Ländern besonders wichtig. Leistungserbringer sind in diesem Prozess nur am Rande vorgesehen, sind aber als künftige Dienstleister mit ihrer fachlichen Expertise wichtig. Daher werden sie zur Umsetzung benötigt.

Alle Akteure sind aufgerufen, sich nun aktiv in diesen Prozess der Umsetzung des BTHG und der Einführung neuer Verfahren einzubringen. Das wird zunächst auf der Ebene von Verabredungen und politischen bzw. administrativen Planungen erfolgen. Die Leistungserbringer werden sich aktiv mit ihren Kompetenzen und Erfahrungen einbringen müssen, über die sie im Bereich der Hilfeplanung verfügen. Auch wenn die »Bedarfsermittlung« nun als Aufgabe der Leistungsträger beschrieben ist, kann sie vielfach ohne die Einbeziehung der Leistungserbringer nicht gelingen, die nicht nur das regionale Hilfesystem gut kennen, sondern oft auch als Einzige schon länger Hilfeplanungen koordinieren. Gerade auch vor dem Hintergrund, dass die detaillierte Hilfeplanung nicht als Bestandteil der Bedarfsermittlung gesehen wird, ist die Schnittstelle zwischen Bedarfsermittlung und Hilfeleistung neu zu gestalten. Die Erfahrungen mit den Hilfeplankonferenzen in vielen Gemeindepsychiatrischen Verbünden zeigen, dass gerade auch Leistungsträger großen Nutzen von dieser Schnittstelle ziehen. Dies zeigt sich z. B. in der Pflege der Hilfeplankonferenzen im Bereich des Landschaftsverbands Rheinland oder in der Aufnahme dieser Konferenzen im PsychKG Berlin, die dort als »Steuerungsgremien« bezeichnet werden. Später wird es möglicherweise auch erforderlich sein, die berechtigten Interessen leistungsberechtigter Bürgerinnen und Bürger auf dem Rechtswege durchzusetzen.

Soll dem Wunsch- und Wahlrecht der Menschen mit seelischen Behinderungen tatsächlich in der Weise Rechnung getragen werden, wie dies der neue § 104 SGB IX vorsieht, dann müssen allerdings auch die Leistungserbringer neue Wege finden, den Menschen außerhalb besonderer Wohnformen umfassende und individuelle Unterstützungs- und Assistenzleistungen zugänglich zu machen. Gerade in ländlichen Räumen stellt dies eine Herausforderung dar, die sicher nur längerfristig zu bewältigen ist. Je früher aktiv damit begonnen wird, desto gelassener können kluge Konzepte entwickelt und eingeführt werden.

Der Anspruch auf die Berücksichtigung des Wunsches, außerhalb besonderer Wohnformen betreut zu werden, richtet sich zunächst gegen den Leistungsträger. Insofern obliegt es diesem, dem Anspruch des Leistungsberechtigten gerecht werden zu können. Dennoch wird es ohne Leistungserbringer mit entsprechenden Angeboten im Portfolio nicht gehen. Es empfiehlt sich also, in den jeweiligen Zuständigkeitsbereichen der Träger der Eingliederungshilfe Wege zur Verständigung über diese Ansprüche zu finden und erste Schritte darauf zu gehen. Für die Regelung von Konflikten über entsprechende Leistungen hat der Gesetzgeber mit neuen Rechtsvorschriften im Vertragsrecht neue Wege geschaffen (siehe das Kapitel »Vertragsrecht«).

Eingliederungshilfe, soziale Teilhabe und Assistenzleistungen

Zunächst eine begriffliche Klärung: Eingliederungshilfe umfasst auch nach dem noch bis 2020 geltenden Recht Leistungen der medizinischen Rehabilitation und Leistungen zur Teilhabe am Arbeitsleben, sofern kein anderer Leistungsträger zur Übernahme dieser Leistungen verpflichtet ist. Dies gilt auch für die Zukunft.

Alltagssprachlich wird die Eingliederungshilfe häufig mit den »Leistungen zur Teilhabe am Leben in der Gemeinschaft« gleichgesetzt. Nach den §§ 4 und 5 SGB IX ist der Träger der Eingliederungshilfe der zuständige Leistungsträger für diese Leistungen, neben der gesetzlichen Unfallversicherung und der Kriegsopferfürsorge, die bei Vorliegen der entsprechenden Voraussetzungen (z. B. eines Arbeitsunfalls im Bereich der Unfallversicherung) immer zu allen Leistungen zur Rehabilitation und Teilhabe verpflichtet sind.

Neu hinzu treten die Leistungen zur Teilhabe an Bildung. »Leistungen zur Teilhabe an Bildung sollen Menschen mit Behinderung einen gleichberechtigten Zugang zum allgemeinen Bildungssystem gewährleisten. Wie schon bei den Leistungen zur Teilhabe am Arbeitsleben oder zur Teilhabe am Leben in der Gemeinschaft handelt es sich dabei um kommunikative, technische oder andere Hilfsmittel.« (BAR 2017)

Soziale Teilhabe

Die Leistungen zur »Teilhabe am Leben in der Gemeinschaft« werden nun durch die »Leistungen zur Sozialen Teilhabe« ersetzt.

Leistungen zur Sozialen Teilhabe

§ 113 (ab 2020)

*(1) Leistungen zur Sozialen Teilhabe werden erbracht, um eine gleich-
berechtigte Teilhabe am Leben in der Gemeinschaft zu ermöglichen
oder zu erleichtern, soweit sie nicht nach den Kapiteln 3 bis 5 zu erbringen sind. Hierzu gehört, Leistungsberechtigte zu einer möglichst
selbstbestimmten und eigenverantwortlichen Lebensführung im eigenen Wohnraum sowie in ihrem Sozialraum zu befähigen oder sie
hierbei zu unterstützen. Maßgeblich sind die Ermittlungen und Feststellungen nach Kapitel 7.*

(2) Leistungen zur Sozialen Teilhabe sind insbesondere

1. Leistungen für Wohnraum,

2. Assistenzleistungen,

3. Heilpädagogische Leistungen,

4. Leistungen zur Betreuung in einer Pflegefamilie,

*5. Leistungen zum Erwerb und Erhalt praktischer Kenntnisse und Fä-
higkeiten,*

6. Leistungen zur Förderung der Verständigung,

7. Leistungen zur Mobilität,

8. Hilfsmittel,

9. Besuchsbeihilfen.

*(3) Die Leistungen nach Absatz 1 Nummer 1 bis 8 bestimmen sich nach
§§ 77 bis 84, soweit sich aus diesem Teil nichts Abweichendes ergibt.*

Diese Definition von Leistungen zur Sozialen Teilhabe nimmt Bezug auf die §§ 77 bis 84 SGB IX, das ist der Teil 1 des SGB IX, der die
allgemeinen Vorschriften für alle Träger der Rehabilitation enthält.
Um einem Missverständnis vorzubeugen: Leistungen für Wohnraum
umfassen nur Beschaffung, Umbau, Ausstattung und Erhaltung von
Wohnraum, nicht aber die laufenden Kosten der Unterkunft. Diese

Leistungen sind weiterhin im SGB XII bzw. in anderen Leistungsgesetzen verankert.

Die in Absatz 1 enthaltene Beschreibung der Leistungen benennt das weiterhin gültige grundsätzliche Ziel der Hilfen, das Leben in der Gemeinschaft zu ermöglichen oder zu erleichtern. Die dann folgende Formulierung nennt die wesentliche Funktion von Leistungen zur Sozialen Teilhabe. Ziel ist immer die selbstbestimmte und eigenverantwortliche Lebensführung im eigenen Wohnraum und im Sozialraum. Dazu sollen die Leistungen die Menschen mit Behinderungen befähigen oder sie unterstützen. Die Ergänzung des Begriffs der Selbstbestimmung um den Aspekt der Eigenverantwortung markiert eine neue Dimension des Behinderungsbegriffs. Zum Recht auf Selbstbestimmung gehört die Wahrnehmung der Eigenverantwortung dazu. Beides zusammen bildet die soziale Teilhabe.

Für die psychiatrische Arbeit ist diese Perspektive wichtig und zukunftsweisend. Sie bedeutet, dass Hilfen nicht nur darauf zielen, im eigenen Wohnraum leben zu können, sondern auch die Befähigung oder Unterstützung zur Lebensführung im Sozialraum einbeziehen. Damit wird der Barrierebegriff des § 2 SGB IX aufgenommen (vgl. das Kapitel »Der Behinderungsbegriff«). Nicht nur die Person selbst, sondern auch die Teilhabeeinschränkungen durch Wechselwirkungen des Betreffenden mit dem Umfeld und den dort auftretenden Hindernissen markieren den Aufgabenbereich für die Leistungen zur Sozialen Teilhabe.

Nur indirekt ist aus diesen Vorschriften zu entnehmen, dass die Leistungen zur Sozialen Teilhabe ausschließlich fachliche Leistungen sind. Im Recht der sozialen Teilhabe ist kein Hinweis zu finden, ob Leistungen stationär oder ambulant erbracht werden können. Diese Kategorien, die in der Sozialhilfe so wesentlich für die Bestimmung von Zuständigkeiten waren, sind in den neuen Regelungen nicht mehr zu finden. Die Hilfe soll sich ausschließlich am individuellen Bedarf eines Menschen orientieren und nicht an vorhandenen Angeboten.

Damit werden bestehende Heimeinrichtungen nicht unmöglich gemacht. Das BTHG führt aber dazu, dass stationäre Angebote nicht mehr die Voraussetzung sind, um Bedarfe von Menschen zu decken. Wer weiterhin eine Heimeinrichtung nutzen möchte, der hat diese Möglichkeit, er erhält dort aber nur die Leistungen, die er entsprechend der individuellen Bedarfsermittlung benötigt. Genommen wird dem Leistungsträger die Möglichkeit genommen, einen Menschen wegen seines Bedarfes auf ein Heim zu verweisen, wenn die Leistungserbringung auch in der häuslichen Wohnform möglich ist.

Diese Absicht wird auch an den Ausgestaltungen der Regelungen zur Assistenzleistung deutlich.

Assistenzleistungen

Im Rahmen des Gesetzesvorhabens hat der Begriff »Assistenz« bei einigen psychiatrischen Fachverbänden zunächst Bedenken hervorgerufen. Menschen mit starkem Wahnerleben, Menschen mit erheblichem Suchtmittelkonsum, Menschen, die aufgrund ihrer Erkrankung die Realität nur verzerrt wahrnehmen (z. B. bei akuten Manien, aber auch in depressiven Phasen) bedürfen nicht nur der von ihnen selbst bestimmten Assistenz, sondern auch der Korrektur, der Spiegelung von Realitäten, der Vermittlung von anderen Wahrnehmungen oder auch im umgekehrten Sinne der beharrlichen Motivierung bis hin zur aufdringlichen Begleitung, um den völligen Rückzug in eine innere Welt zu vermeiden. Eingliederungshilfe bei Menschen mit seelischen Behinderungen ist bei manchen Menschen durchaus gelegentlich auch harte Konfrontation, bei anderen die unterstützende Begleitung bei sich verschlechternden Zuständen. Der Gesetzgeber hat auf diese Befürchtungen mit einer umfassenden Begründung reagiert.

Assistenzleistungen

§ 78 SGB IX (seit 2018)

*(1) Zur selbstbestimmten und eigenständigen Bewältigung des All-
tages einschließlich der Tagesstrukturierung werden Leistungen für
Assistenz erbracht. Sie umfassen insbesondere Leistungen für die
allgemeinen Erledigungen des Alltags wie die Haushaltsführung, die
Gestaltung sozialer Beziehungen, die persönliche Lebensplanung, die
Teilhabe am gemeinschaftlichen und kulturellen Leben, die Freizeitgestaltung einschließlich sportlicher Aktivitäten sowie die Sicherstellung
der Wirksamkeit der ärztlichen und ärztlich verordneten Leistungen.
Sie beinhalten die Verständigung mit der Umwelt in diesen Bereichen.*

*(2) Die Leistungsberechtigten entscheiden auf der Grundlage des
Teilhabeplans nach § 19 über die konkrete Gestaltung der Leistungen
hinsichtlich Ablauf, Ort und Zeitpunkt der Inanspruchnahme. Die
Leistungen umfassen*

*1. die vollständige und teilweise Übernahme von Handlungen zur All-
tagsbewältigung sowie die Begleitung der Leistungsberechtigten und*

*2. die Befähigung der Leistungsberechtigten zu einer eigenständigen
Alltagsbewältigung.*

*Die Leistungen nach Nummer 2 werden von Fachkräften als qualifi-
zierte Assistenz erbracht. Sie umfassen insbesondere die Anleitungen
und Übungen in den Bereichen nach Absatz 1 Satz 2.*

*(6) Leistungen zur Erreichbarkeit einer Ansprechperson unabhängig
von einer konkreten Inanspruchnahme werden erbracht, soweit dies
nach den Besonderheiten des Einzelfalls erforderlich ist.*

Zunächst hat der Gesetzgeber in der Begründung zum Gesetzentwurf
klargestellt, dass mit dem Begriff der Assistenz alle Leistungen gemeint
sind, die nach altem Recht Leistungen der Teilhabe am Leben in der
Gemeinschaft waren, allerdings auch keine neuen Leistungen hinzu-

treten sollen. »Die Assistenzleistungen dienen dem Ziel der selbstbestimmten Alltagsbewältigung und Tagesstrukturierung. Dabei reicht es aus, dass dieses Ziel längerfristig erreicht werden kann. … Hierzu gehören insbesondere die Bereiche einer eigenständigen Lebensführung im eigenen Wohnraum bis hin zu den Bereichen Freizeitgestaltung wie beispielsweise Sport, kulturelles Leben und Gestaltung von Beziehungen zu Mitmenschen. In die Leistungen fließen auch die bisherigen Leistungen der nachgehenden Hilfe zur Sicherung der Wirksamkeit der ärztlichen und ärztlich verordneten Leistungen und zur Sicherung der Teilhabe behinderter Menschen am Arbeitsleben nach § 54 Absatz 1 Satz 1 Nummer 5 SGB XII ein. … Nicht damit verbunden sind neue Leistungen. Die entsprechenden Leistungen werden derzeit über andere Leistungstatbestände wie insbesondere den bisherigen § 55 Absatz 2 Nummer 6 (Hilfe zum selbstbestimmten Leben in betreuten Wohnmöglichkeiten, siehe z. B. LSG Baden-Württemberg vom 30.08.2012, AZ L7 SO 1525 / 10) und Nummer 7 (Hilfen zur Teilhabe am gemeinschaftlichen und kulturellen Leben, siehe z. B. BSG vom 25.08.2011, AZ B8 SO 7 / 10 R) oder im Rahmen des offenen Leistungskataloges gewährt.« (BT-Drucksache 18 / 9522, S. 261)

Die Begründung zum Gesetz macht auf rund drei Seiten deutlich, welche Absichten der Gesetzgeber mit dem Begriff der Assistenzleistungen verfolgt. Das Ziel ist immer die Befähigung oder auch Unterstützung des Menschen mit Behinderung bei der selbstbestimmten und eigenverantwortlichen Lebensführung. Wichtig daran ist, dass dieses Ziel auch längerfristig verfolgt werden kann. Auch der fachliche Gehalt des Assistenzbegriffs ist gewollt: »Der Begriff der Assistenz bringt in Abgrenzung zu förderzentrierten Ansätzen der Betreuung, die ein Über- / Unterordnungsverhältnis zwischen Leistungserbringern und Leistungsberechtigten bergen, auch ein verändertes Verständnis von professioneller Hilfe zum Ausdruck. Die Leistungsberechtigten sollen dabei unterstützt werden, ihren Alltag selbstbestimmt zu gestalten. Vor diesem Hintergrund wird konsequenterweise auch die Beziehungsgestaltung zwischen Leistungsberechtigten und Leistungserbringern neu bestimmt.« (BT-Drucksache 18 / 9522, S. 263) Das schon angesprochene Modell von selbstbewussten Menschen mit Behinderung und individuellem Assistenzbedarf wird in der Begründung zum Gesetz explizit ausgeführt und gibt die Orientierung, welchem Ziel das Gesetz insgesamt dient.

Der Assistenzbegriff wird im § 78 (und damit zugleich im Teil 2 des SGB IX, der Eingliederungshilfe ab 2020) differenziert. Absatz 2 unterscheidet zwischen 1. der vollständigen und teilweisen Übernahme von Handlungen zur Alltagsbewältigung sowie der Begleitung der Leistungsberechtigten und 2. der Befähigung der Leistungsberechtigten zu einer eigenständigen Alltagsbewältigung. Nur die Leistungen nach Nr. 2 zur Befähigung der Leistungsberechtigten werden als qualifizierte Assistenz bezeichnet, die zur Durchführung eine Fachkraft erfordern.

Warum der Gesetzgeber diese Unterscheidung vornimmt, lässt sich aus der Trennung der fachlichen von den unterhaltssichernden Leistungen herleiten. In einer stationären Einrichtung ist der Heimträger u. a. verpflichtet, den Bewohnern neben den fachlichen Leistungen auch die Unterkunft, die Verpflegung, die hauswirtschaftliche Versorgung mit allen Gegenständen des alltäglichen Bedarfs zur Verfügung zu stellen. Mancherorts besteht diese Leistung auch darin, das Essen in fertig zubereiteter Form anzubieten. Ebenso gehört die Reinigung der Räume oft zu den Leistungen des Heimträgers. Diese Leistungen sind aber keine fachlichen Leistungen der Befähigung, sondern kompensatorische Leistungen. Die Bewohnerin muss sich nicht mehr selbst und eigenverantwortlich um die Beschaffung, Lagerung, Herstellung von Nahrungsmitteln bemühen, sondern kann die fertig zubereitete Mahlzeit zu sich nehmen. In der stationären Einrichtung, dem Heim, vermischen sich also verschiedene Formen der Unterstützung und manche sind für den Erhalt und die Pflege von Fähigkeiten sogar kontraproduktiv. Um etwa die Möglichkeiten zur Selbstversorgung zu erhalten, differenziert der Gesetzgeber zwischen diesen Arten von Leistungen und der Assistenz. Da das SGB IX n. F. keine Unterscheidung zwischen stationären und ambulanten Einrichtungen und Diensten mehr kennt, entfaltet diese Differenzierung für alle Assistenzleistungen Bedeutung.

Warum die Leistungen zur Befähigung der Fachkräfte bedürfen, wird aus der Stellungnahme der Bundesregierung deutlich: »Bei den Leistungen zur Befähigung der Leistungsberechtigten zu einer eigenständigen Alltagsbewältigung geht es darum, dass alltägliche Situationen bzw. Handlungen mit dem behinderten Menschen geplant, besprochen, geübt und reflektiert werden. Er soll lernen und angeregt werden, Ausgaben und Handlungen selbstständig zu übernehmen. Ziel ist eine Stärkung seiner Selbstbestimmung, Selbstständigkeit und Eigenverantwortung. Zur Sicherung der Qualität der Leistung ist eine qualifizierte Fachkraft zwingend. Die Fachkraft ist ein wesentlicher Beitrag, um das Teilhabeziel zu erreichen.« (BT-Drucksache 18 / 9954, S. 64)

Diese Formulierungen sind prägend für die qualifizierte Assistenz: planen, besprechen, üben, reflektieren sind zentrale Elemente der Befähigung von Menschen mit Behinderung zu einer selbstbestimmten und eigenverantwortlichen Lebensführung. Qualifizierte Assistenzleistungen zielen darauf, Menschen Handlungen nicht abzunehmen, sondern sie zu befähigen, selbst am Leben teilzunehmen.

Wie die vielfältigen Methoden zur Befähigung auch mit Blick auf längerfristige Ziele zukünftig zu beschreiben sind, wird sich in den nächsten Jahren erweisen müssen und mit großer Sicherheit Gegenstand von Verhandlungen zwischen Leistungserbringern und Leistungsträgern, ggf. auch der Rahmenverträge auf Landesebene sein müssen (mehr dazu im Kapitel »Vertragsrecht«). Auch die Frage, unter welchen Bedingungen Leistungen der kompensatorischen Assistenz und die der qualifizierten Assistenz aus einer Hand kommen können, um personenbezogene Kontinuität zu wahren, wird in den Leistungsvereinbarungen und Rahmenverträgen auf Landesebene noch auszuführen sein (§§ 125 u. 131 SGB IX neu).

Eine weitere Bestimmung des neuen § 78 SGB IX resultiert aus dem gleichen Prinzip. In stationären Angeboten werden nahezu flächendeckend Leistungen vorgehalten, die in ambulanter Struktur nur in wenigen Regionen oder Bundesländern angeboten werden, die sogenannten Vorhalteleistungen. Dazu gehört vor allem, dass tagsüber oder nachts Menschen anwesend sind, die für die Klienten erreichbar sind. Dem trägt der neue § 78 Abs. 6 SGB IX Rechnung, der hier wegen seiner Bedeutung noch einmal zitiert werden soll: »Leistungen zur Erreichbarkeit einer Ansprechperson unabhängig von einer konkreten Inanspruchnahme werden erbracht, soweit dies nach den Besonderheiten des Einzelfalls erforderlich ist.«

Zu diesem Absatz führt die Begründung zum Gesetzentwurf Folgendes aus: »Menschen mit insbesondere seelischen Behinderungen benötigen oftmals Sicherheit und Halt, ständig jemanden erreichen zu können, ohne dass ein konkreter Anlass besteht. Dem trägt die Regelung des Absatzes 7 Rechnung. Diese sogenannten Hintergrundleistungen umfassen insbesondere Rufbereitschaft, in deren Rahmen sichergestellt ist, dass Menschen mit Behinderungen in krisenhaft erlebten Situationen die Möglichkeit haben, sich telefonisch Rat zu holen. Die Hintergrundbereitschaft kann aber auch so weit gehen, dass bei entsprechendem Bedarf über einen Anruf signalisiert wird, dass die leistungsberechtigte Person einen persönlichen Ansprechpartner zur Krisenbewältigung benötigt.« (BT-Drucksache 18/9522, S. 263f.)

Die Erreichbarkeit von Ansprechpersonen, die fast immer zur Ausstattung eines Heimes gehört, gilt nunmehr unabhängig von Einrichtungsart oder Dienst für jeden Menschen, der dieser Art von Unterstützung bedarf. Die Formulierung zeigt, dass Menschen ggf. auf diese Leistung einen Anspruch haben. Sie können nicht mehr auf bestimmte Angebotsformen verwiesen werden. In Kombination mit den Vorschriften des § 104 Abs. 3 SGB IX, den Regelungen zur Angemessenheit und Zumutbarkeit, ergeben sich damit erhebliche Anforderungen an das zukünftige Hilfesystem. In der eigenen Häuslichkeit, der der Vorzug zu geben ist, wenn der Mensch das wünscht, müssen auch Leistungen zur Erreichbarkeit einer Ansprechperson erbracht werden, wenn er dieser bedarf.

Aus der Kombination dieser beiden Vorschriften ergeben sich vielfältige Ansprüche der Menschen mit Behinderungen gegenüber den Leistungsträgern – und zugleich Anforderungen an die Leistungserbringer, diese Unterstützung (Assistenz) tatsächlich zur Verfügung zu stellen. Das ist eine große Herausforderung insbesondere für den ländlichen Raum in der Bundesrepublik.

Instrumente der Bedarfsermittlung

Schon verschiedentlich wurde deutlich, dass für die Ausgestaltung von Hilfen die Frage des Bedarfs entscheidend ist. Nun stellt sich die Frage, wie dieser Bedarf zu ermitteln ist.

Für den Bereich der Teilhabeplanung schreibt § 13 SGB IX den Trägern der Rehabilitation vor, »systematische Arbeitsprozesse und standardisierte Arbeitsmittel (Instrumente)« zu entwickeln, die trägerübergreifend zum Einsatz kommen sollen. Das BMAS wird die Wirkung dieser Instrumente untersuchen und die Untersuchungsergebnisse veröffentlichen (vgl. das letzte Kapitel).

Zur Gesamtplanung der Eingliederungshilfe gibt der Gesetzgeber den Landesregierungen (nicht den Trägern der Eingliederungshilfe) ein Verordnungsrecht für das Instrument der Bedarfsermittlung in die Hand, legt aber zugleich einheitliche Grundsätze für dieses Verfahren fest.

Instrumente der Bedarfsermittlung

§ 118 SGB IX (ab 2020, § 142 SGB XII seit 2018)

(1) Der Träger der Eingliederungshilfe hat die Leistungen nach den Kapiteln 3 bis 6 unter Berücksichtigung der Wünsche der Leistungsberechtigten festzustellen. Die Ermittlung des individuellen Bedarfes erfolgt durch ein Instrument, das sich an der Internationalen Klassifikation der Funktionsfähigkeit, Behinderung und Gesundheit orientiert. Das Instrument hat die Beschreibung einer nicht nur vorübergehenden Beeinträchtigung der Aktivität und Teilhabe in den folgenden Lebensbereichen vorzusehen:

1. Lernen und Wissensanwendung,

2. Allgemeine Aufgaben und Anforderungen,

3. Kommunikation,

4. Mobilität,

5. Selbstversorgung,

6. Häusliches Leben,

7. Interpersonelle Interaktionen und Beziehungen,

8. Bedeutende Lebensbereiche und

9. Gemeinschafts-, soziales und staatsbürgerliches Leben.

(2) Die Landesregierungen werden ermächtigt, durch Rechtsverordnung das Nähere über das Instrument zur Bedarfsermittlung zu bestimmen.

Jedes Instrument, das künftig zur Bedarfsermittlung zum Einsatz kommen wird, muss sich also sowohl an der Internationalen Klassifikation der Funktionsfähigkeit, Behinderung und Gesundheit (ICF) orientieren als auch die neun Lebensbereiche zur Beschreibung der Beeinträchtigung der Aktivitäten und Teilhabe verwenden, die im Abs. 1 genannt werden. Auch diese neun Lebensbereiche sind der ICF entnommen.

Was ist mit diesen neun Lebensbereichen gemeint?

Zu den Lebensbereichen gehören jeweils verschiedene Unterteilungen, von denen nur einige hier vorgestellt werden sollen:

1. **Lernen und Wissensanwendung**
- *Zuhören*
- *andere sinnliche Wahrnehmungen*
- *sich Fertigkeiten aneignen*
- *Aufmerksamkeit fokussieren*
- *Denken*
- *Probleme lösen*
- *Entscheidungen treffen*

2. **Aufgaben und Anforderungen**
- *Einzelaufgaben übernehmen*
- *tägliche Routine durchführen*
- *mit Stress und sonstigen psychischen Anforderungen umgehen*

3. **Kommunikation**
- *Kommunizieren als Empfänger gesprochener Mitteilungen*
- *Kommunizieren als Empfänger nonverbaler Mitteilungen*
- *Kommunizieren als Empfänger von schriftlichen Mitteilungen*
- *Kommunikationsgeräte benutzen*

4. **Mobilität**
- *Transportmittel benutzen*
- *Fahrzeug fahren*

5. **Selbstversorgung**
- *seine Körperteile pflegen*
- *sich kleiden*
- *auf seine Gesundheit achten*

6. Häusliches Leben

- Wohnraum beschaffen
- Waren und Dienstleistungen des täglichen Bedarfs beschaffen
- Hausarbeiten erledigen
- anderen helfen

7. Interpersonelle Interaktionen und Beziehungen

- komplexe interpersonelle Interaktion (insbesondere Beziehungen eingehen und pflegen)
- mit Fremden umgehen

8. Bedeutende Lebensbereiche

- informelle Bildung (handwerkliches Geschick u. Ä.)
- Vorbereitung auf Erwerbstätigkeit
- Arbeit erhalten, behalten ...
- unbezahlte Tätigkeit

9. Gemeinschaftliches, soziales und staatsbürgerliches Leben

- Gemeinschaftsleben (Feiern usw.)
- Erholung und Freizeit
- Politisches Leben und Staatsbürgerschaft

Die Frage der Orientierung der Instrumente zur Ermittlung des individuellen Bedarfs beschäftigt viele, wenn nicht alle Landesregierungen. Zum Teil verfügen die Träger der Eingliederungshilfe schon über Instrumente, die den gesetzlichen Kriterien nahekommen und mit geringen Veränderungen angepasst werden können. Diese Instrumente werden weit häufiger im Bereich der Leistungen für Menschen mit seelischer Beeinträchtigung eingesetzt als im Bereich von Menschen mit geistiger oder körperlicher Beeinträchtigung.

In vielen Ländern werden bisher zwei oder mehrere Instrumente genutzt. Das Gesetz legt nicht fest, wie viele oder welche Instrumente genutzt werden dürfen, es nimmt die Landesregierungen nur in die

Pflicht, die Art der Instrumente durch eine Rechtsverordnung zu regeln.

Für die fachliche Arbeit wird es entscheidend sein, welcher Stellenwert dem Instrument zukommen wird. Standardisierte Instrumente bergen die Gefahr, dass sie in verwaltungsförmigen Prozessen »abgearbeitet«, d. h. sehr schematisch eingesetzt werden. Insbesondere der vom Gesetzgeber gesetzte Bezug zur ICF legt ein schematisches Vorgehen nahe. Demgegenüber stehen die Grundsätze des Gesamtplanverfahrens, das umfassend ausgelegt ist und die Einbeziehung der Betroffenen vorsieht. Die Deutsche Vereinigung für Rehabilitation zieht daraus den Schluss, dass »die Bedarfsermittlung im Hinblick auf die Funktionsfähigkeit / Behinderung als ein strukturiertes, ICF-basiertes, hermeneutisches und diskursives Verfahren zu beschreiben« ist (DVfR 2017, Ziff. 7). Es geht also nicht um die Abarbeitung eines »Bogens zur Bedarfsermittlung«, damit den Vorschriften Rechnung getragen wird, sondern um ein auf Gespräch, Erörterung und Aushandlung auf gleicher Augenhöhe ausgerichtetes Verfahren, in dem die Wünsche und Ziele des Leistungsberechtigten mit Blick auf seine Beeinträchtigungen und die ihm entgegentretenden Barrieren im Mittelpunkt stehen. Das Ziel der selbstbestimmten und eigenverantwortlichen Teilhabe ist nicht durch die Beschreibung der Einschränkungen zu erreichen, sondern nur auf dem Weg des Diskurses über die fernen und nahen Wünsche, Vorstellungen, Absichten oder Ziele des Klienten, seine Ressourcen sowie die ihn stützenden Umfeldfaktoren.

Anspruchsvoraussetzungen für die Eingliederungshilfe

Die Frage, unter welchen Voraussetzungen Bürgerinnen und Bürger zukünftig Anspruch auf die Leistungen der Eingliederungshilfe haben sollen, hat im Gesetzgebungsverfahren zu erheblichen Auseinandersetzungen geführt. Das politisch erklärte Ziel war, dass sich kein anspruchsberechtigter Mensch infolge einer Neuregelung verschlechtern sollte. Allerdings wurden im Gesetzesvorschlag Formulierungen verwendet, die Zweifel an der Durchführung dieser Absicht weckten. Im Rahmen der Beratungen wurde zuletzt eine Lösung gefunden, die die ursprüngliche Regelung noch enthält, aber gleichzeitig festlegt, dass diese durch ein neues Bundesgesetz bis zum Jahr 2023 ersetzt werden muss. Der Artikel 25 des BTHG regelt die zukünftige Neufassung des § 99 SGB IX, der zum Teil 2, also den Regelungen zur Eingliederungshilfe ab 2020, gehört:

Leistungsberechtigter Personenkreis
§ 99 SGB IX (ab 2023, BTHG Art. 25)

(1) Eingliederungshilfe ist Personen nach § 2 Absatz 1 Satz 1 bis 2 zu leisten, deren Beeinträchtigungen die Folge einer Schädigung der Körperfunktion und -struktur einschließlich der geistigen und seelischen Funktionen sind und die dadurch in Wechselwirkung mit den Barrieren in erheblichem Maße in ihrer Fähigkeit zur Teilhabe an der Gesellschaft eingeschränkt sind. Eine Einschränkung der Fähigkeit zur Teilhabe an der Gesellschaft in erheblichem Maße liegt vor, wenn die Ausführung von Aktivitäten in einer größeren Anzahl von Lebensbereichen nach Absatz 4 nicht ohne personelle oder technische Unterstützung möglich oder in einer geringeren Anzahl von Lebensbereichen auch mit personeller oder technischer Unterstützung nicht möglich ist. Mit steigender Zahl der Lebensbereiche nach Absatz 4 ist ein geringeres Ausmaß der jeweiligen Einschränkung für die Leistungsberechtigten ausreichend.

(2) Leistungsberechtigt nach diesem Teil sind auch Personen, denen nach fachlicher Kenntnis eine erhebliche Teilhabeeinschränkung im Sinne von Absatz 1 Satz 2 mit hoher Wahrscheinlichkeit droht. Ist bei

Personen nach § 2 Absatz 1 Satz 1 bis 2 die Ausführung von Aktivitäten in weniger als den nach Absatz 1 Satz 2 bestimmten Lebensbereichen nicht ohne personelle oder technische Unterstützung möglich oder in weniger als den nach Absatz 1 Satz 2 bestimmten Lebensbereichen auch mit personeller oder technischer Unterstützung nicht möglich, ist aber im Einzelfall in ähnlichem Ausmaß personelle oder technische Unterstützung zur Ausführung von Aktivitäten notwendig, können Leistungen der Eingliederungshilfe gewährt werden.

(3) Bei der Feststellung des erheblichen Maßes der Einschränkung nach Absatz 1 Satz 2 ist die für die Art der Behinderung typisierende notwendige Unterstützung in Lebensbereichen nach Absatz 4 maßgebend.

(4) Lebensbereiche im Sinne von Absatz 1 sind

1. Lernen und Wissensanwendung,

2. Allgemeine Aufgaben und Anforderungen,

3. Kommunikation,

4. Mobilität,

5. Selbstversorgung,

6. Häusliches Leben,

7. Interpersonelle Interaktionen und Beziehungen,

8. Bedeutende Lebensbereiche,

9. Gemeinschafts-, soziales und staatsbürgerliches Leben.

...

(7) Das Nähere über die größere und geringere Anzahl nach Absatz 1 Satz 2, das Verhältnis von der Anzahl der Lebensbereiche zum Ausmaß der jeweiligen Einschränkung nach Absatz 1 Satz 3 und die Inhalte der Lebensbereiche nach Absatz 4 bestimmt ein Bundesgesetz.

Im Rahmen von verschiedenen Untersuchungen (siehe das Kapitel »Umsetzung, Begleitung, Forschung«) soll evaluiert werden, ob sich durch die Anwendung der Kriterien des neuen § 99 SGB IX Abweichungen gegenüber den bisherigen Vorschriften zur Eingliederungshilfe ergeben, die bis 2023 unverändert weiter gelten. Dazu sollen Regionen gefunden werden, die die neuen Kriterien schon anwenden und Vergleiche ermöglichen. Diesen Modellregionen kommt also große Bedeutung zu, die Auswertung wird zu einer Neudefinition des leistungsberechtigten Personenkreises im Jahr 2023 führen.

Folgen für die psychiatrische Arbeit

Alle Akteure müssen sich vergegenwärtigen, dass das Ziel der sozialen Teilhabe in der vollen, wirksamen und gleichberechtigten Teilhabe am Leben in der Gemeinschaft besteht und dazu die Leistungen bei der Befähigung und Unterstützung zu einer selbstbestimmten und eigenverantwortlichen Lebensführung dienen. Diese Leistungen sind so genau wie möglich und zielorientiert zu beschreiben. Daraus ergibt sich immer auch die Abgrenzung zu anderen Leistungen, bei denen andere Ziele im Vordergrund stehen.

Kompensatorische Hilfen, die der Versorgung dienen, werden zwar noch als Leistungen der Sozialen Teilhabe betrachtet werden können, müssen aber nicht mehr zwingend von Fachkräften erbracht werden. Bei Leistungen für psychisch erkrankte Menschen wird zu erörtern sein, wie wesentlich die persönliche Beziehung als stabilisierender Faktor für die Annahme eines Leistungsangebotes sein wird und wie weit Leistungen deshalb überhaupt in verschiedene Funktionen und ggf. auf verschiedene Mitarbeitende aufgeteilt werden können. Diese und weitere Fragen müssen in den Rahmenverträgen über neue Leistungsangebote geklärt werden (siehe das Kapitel »Rahmenverträge«).

Für bestehende Angebote stellt sich die Aufgabe, die unterhaltssichernden Leistungen von den fachlichen Leistungen zu trennen und die Kosten dafür entsprechend neu zuzuordnen. Die Erörterungen dazu haben schon begonnen und werden zu vielfältigen Fragestellungen führen. Handlungsleitend sollte sein, die Finanzierung von Leistungen systematisch so zu trennen, dass den Menschen mit Behinderungen die Wahlmöglichkeiten zwischen besonderen Wohnformen und dem Wohnen in eigener Häuslichkeit nicht durch finanzielle Strukturen erschwert werden. Insofern müssen die Anbieter von Leistungen Möglichkeiten entwickeln, auch in der eigenen Häuslichkeit der Menschen mit Behinderungen umfassende fachliche Leistungen zu erbringen. Dieser Auftrag ist schon aus der UN-BRK abzuleiten, die ja einen Anstoß zur Entwicklung des BTHG gegeben hat. Sie wird in den zu erwartenden künftigen juristischen Auseinandersetzung um die Auslegung einzelner Vorschriften eine wichtige Bezugsgröße sein. Zunächst einmal aber werden kreative Lösungen für die Umsetzung in der Praxis entwickelt werden müssen. Die Erfahrungen lehren, dass diese Lösungen umso erfolgversprechender sind, je intensiver sie gemeinsam zwischen den Leistungsträgern und den Leistungserbringern erarbeitet werden.

Mit der Möglichkeit, auch Leistungsvereinbarungen dem Schiedsstellenverfahren in der Eingliederungshilfe zuzuführen, sind dazu auch neue rechtlich wirksame Wege eröffnet (siehe das Kapitel »Vertragsrecht«).

Mit der Trennung von Fachleistungen und unterhaltssichernden Leistungen werden die Leistungen zur Assistenz von den bislang vorherrschenden Institutionsbezügen gelöst. Die Ermittlung des Unterstützungsbedarfs orientiert sich nun allein an den Personen. Dies ist nicht überall ein neuer Prozess. In einigen Bundesländern wird daran – auch hinsichtlich der wesentlichen Finanzierungsfragen – schon länger gearbeitet. So sind z. B. in Berlin auch schon länger Leistungen der Nachtbereitschaft für Menschen verfügbar, die in ambulanten Settings unterstützt werden. Auch andere Träger der Eingliederungshilfe haben entsprechende Möglichkeiten der Inanspruchnahme von Hintergrunddiensten geschaffen, z. B. der Landschaftsverband Rheinland. Aber auch diese Regionen sind gefordert, den Ausbau von ambulanten Diensten systematisch weiterzuentwickeln, um den Vorgaben des neuen SGB IX gerecht zu werden. Immerhin stehen die Leistungsträger in der Verpflichtung, darauf hinzuwirken, dass »jeder Berechtigte die ihm zustehenden Leistungen in zeitgemäßer Weise umfassend und zügig erhält« (§ 17 Abs. 1 SGB I) und »die zur Ausführung von Sozialleistungen erforderlichen sozialen Dienste und Einrichtungen rechtzeitig und ausreichend zur Verfügung stehen« (§ 17 Abs. 2 SGB I).

Hinsichtlich des Verfahrens zur Bedarfsermittlung steht nun die politische Willensbildung im Vordergrund. Jedes Bundesland muss sich entscheiden, ob und ggf. wann es vom Verordnungsrecht Gebrauch machen will. Die Verfahren werden jedoch nur dann das Stadium eines reinen Formularaktes verlassen, wenn sie im Gesamtsystem der Leistungen eine hohe Akzeptanz finden. Daher sollten die entsprechenden Verfahren möglichst kooperativ zwischen den Leistungsträgern, den Leistungserbringern und den Verbänden der Leistungsberechtigten entwickelt und eingeführt werden. Dass dabei den besonderen Bedürfnissen seelisch behinderter Menschen Rechnung getragen werden muss, ergibt sich schon aus den Vorgaben des neuen § 1 SGB IX.

Bedarfsermittlung ohne Hilfeplanung ist gerade bei Menschen mit psychischen Beeinträchtigungen ein schwieriges Feld. Eine Bedarfsermittlung ohne die Vermittlung zu den entsprechenden Angeboten der Leistungserbringer läuft systematisch ins Leere. Es ist den Menschen mit Behinderungen nicht gedient, wenn auf dem Papier Bedarf und Leistung beschrieben sind, aber kein Anbieter bereit ist, diese Leistungen zur Verfügung zu stellen. In der Entwicklung psychiatrischer Hilfesysteme der letzten zwanzig Jahre hat sich gezeigt, dass Menschen nur dann wirkungsvolle Hilfen erhalten, wenn das Hilfesystem sich in der Breite aller Anbieter, nicht nur der Krankenhäuser, bereit erklärt, die Versorgungsverantwortung für alle Bürgerinnen und Bürger einer Region zu übernehmen (z. B. in Gemeindepsychiatrischen Verbünden mit freiwilliger Versorgungsverpflichtung). Ferner müssen die Bürgerinnen und Bürger auch Vertrauen in die Verlässlichkeit der Angebote fassen. Sie müssen vielfach erst die Erfahrung machen, dass der Respekt vor ihren Zielen und Wünschen tatsächlich gewahrt wird.

Wenn nun durch das BTHG die Träger der Eingliederungshilfe in besonderer Weise für die Ermittlung des Bedarfs und die Planung von Leistungen in die Verantwortung genommen werden, so bleibt doch die Erkenntnis, dass die Leistungserbringer mit in das Verfahren einbezogen werden müssen, um die theoretische Planung mit den praxisnahen Möglichkeiten zur Deckung zu bringen. Das gelingt nur durch kooperative Prozesse an der Schnittstelle von Bedarfsermittlung und Hilfeplanung, wie sie in vielen Hilfeplankonferenzen schon geübt wird. Denn manche Menschen mit psychischen Beeinträchtigungen müssen oft auch mit beharrlicher, liebevoll aufdringlicher Haltung von der Annahme von Hilfen überzeugt oder gewonnen werden.

Die Schnittstelle zwischen Bedarfsermittlung und Hilfeleistung wird nun grundsätzlich durch einen Antrag des Menschen mit Behinderungen auf »Aufnahme« in ein Leistungsangebot markiert. Dieses Verfahren ist vielgestaltig. Manche Anbieter haben spezielle Aufnahmeverfahren, gelegentlich werden Bewerbungen um Aufnahme erforderlich, manche Menschen warten lange oder sogar sehr lange Zeit auf die »Aufnahme« in eine Einrichtung oder einen Dienst.

Die im BTHG angelegte Struktur des Verhältnisses zwischen Leistungsträgern und Leistungserbringern legt nahe, dass die Leistungserbringer die gemeinsame Versorgungsverantwortung für eine Region wahrnehmen und gemeinsam mit den Leistungsträgern Hilfeplankonferenzen einrichten, um einen einfachen und nachvollziehbaren

Zugang zu Leistungen zu ermöglichen. Die dazu erforderlichen Verfahren sind so auszugestalten, dass sie den Anliegen der psychisch beeinträchtigten Menschen gerecht werden. Dazu bietet sich die Struktur von Gemeindepsychiatrischen Verbünden an (www.bag-gpv.de), um auf der Basis gemeinsamer Qualitätsstandards sowohl die Sicherstellung der Versorgungsverantwortung als auch die Sicherstellung der individuell angemessenen Hilfen zu gewährleisten.

Definitionen
von Wohnraum

Für die fachliche Leistung der Eingliederungshilfe ist die Frage nach dem Wohnraum anders als zuvor nun ohne Bedeutung. Die Eingliederungshilfe kennt ab dem Jahr 2020 keine »ambulanten«, »teilstationären« oder »stationären« Leistungen mehr, sondern nur noch die Leistungen, die sich an den Bedarfen des Einzelfalls orientieren. In der Folge müssen nun die Vergütungsstrukturen der bisherigen Heime auseinandergerechnet werden. Es wird zu bestimmen sein, welche Leistungen zu den fachlichen Leistungen und welche zu den unterhaltssichernden Leistungen gehören werden. Wer also nicht über Einkommen oder Vermögen verfügt und lieber im Wohnheim leben möchte, muss dann die Leistungen von zwei Leistungsträgern in Anspruch nehmen: für die fachliche Leistung die des Trägers der Eingliederungshilfe und für die unterhaltssichernden Leistungen die des Sozialhilfeträgers oder eines anderen Leistungsträgers, z. B. des Jobcenters. Wer über eigenes Einkommen verfügt, z. B. eine Erwerbsminderungsrente, die für den Lebensunterhalt einschließlich der Miete ausreicht, wird durch die fachlichen Leistungen nicht mehr in die Armut getrieben.

Allerdings wartet das BTHG auch mit Einschränkungen dieses Grundsatzes der Trennung der Leistungen auf. Die einschlägigen Vorschriften finden sich nicht im SGB IX, sondern im Sozialhilferecht, dem SGB XII. Dieses wird in mehreren Schritten angepasst (Artikel 11, 12 und 13 BTHG). In Artikel 13, der Änderung des Sozialhilferechts zum 01.01.2020, wird dann ausgeführt, bis zu welcher Höhe maximal die Kosten der Unterkunft zulasten des Sozialhilfeträgers gehen dürfen.

Dazu wird der § 42a im SGB XII geändert, der zwischen Wohnungen einerseits und gemeinschaftlichen Wohnformen andererseits unterscheidet, in denen ein oder zwei Leistungsberechtigten ein persönlicher Wohnraum und zusätzliche Räumlichkeiten zur gemeinschaftlichen Nutzung überlassen werden. Mit diesen gemeinschaftlichen Wohnformen sind bisherige stationäre Einrichtungen oder auch Wohngemeinschaften erfasst.

§ 42a Abs. 2 SGB XII (ab 2020)
Wohnung ist die Zusammenfassung mehrerer Räume, die von anderen Wohnungen oder Wohnräumen baulich getrennt sind und die in ihrer Gesamtheit alle für die Führung eines Haushalts notwendigen Einrichtungen, Ausstattungen und Räumlichkeiten umfassen. Persönlicher Wohnraum ist ein Wohnraum, der Leistungsberechtigten allein oder zu zweit zur alleinigen Nutzung überlassen wird, und zusätzliche Räumlichkeiten sind Räume, die ihnen zusammen mit weiteren Personen zur gemeinsamen Nutzung überlassen werden.

Für die Kosten der Unterkunft einer Wohnung gelten ortsübliche Angemessenheitsgrenzen, die jede Kommune ohnehin geregelt hat. Neu ist, dass diese ortsüblichen Angemessenheitsgrenzen nun auch auf die gemeinschaftlichen Wohnformen, die bisher Heime waren, Anwendung finden. Das ist ein Problem, denn nicht selten sind die Kosten der Unterkunft in stationären Einrichtungen höher als die ortsüblichen Angemessenheitsgrenzen es erlauben. Im Rahmen eines Heimes werden möglicherweise höhere Bestandteile für die Unterkunft anerkannt, als die ortsüblichen Regelungen für einen Einpersonenhaushalt zulassen. Dies wird ggf. auch mit besonderen behinderungsbedingten baulichen Anforderungen begründet. Damit entsteht ein Problem. Der Einrichtungsträger müsste den Bewohnerinnen und Bewohnern höhere Mieten in Rechnung stellen, als vom Sozialhilfeträger ortsüblich anerkannt werden. Diese höhere Miete begrenzt nun das Sozialhilferecht folgendermaßen:

§ 42a Abs. 6 SGB XII (ab 2020)

Übersteigen die tatsächlichen Aufwendungen die Angemessenheits-
grenze nach Absatz 5 Satz 4 um mehr als 25 Prozent, umfassen die
Leistungen nach Teil 2 des Neunten Buches auch diese Aufwendun-
gen, solange eine Senkung der Aufwendungen insbesondere durch
einen Wechsel der Räumlichkeiten nach Absatz 2 Satz 1 Nummer 2
nicht möglich ist.

Mit den »Leistungen nach Teil 2 des Neunten Buches« sind die Leistungen der Eingliederungshilfe gemeint, denn die Vorschriften zur
Eingliederungshilfe werden ab dem Jahr 2020 als Teil 2 des SGB IX
geführt. Sind die Kosten der Unterkunft in einer gemeinschaftlichen
Wohnform um mehr als 25 % höher als die ortsüblich anerkannten
Kosten, so werden sie doch wieder zur fachlichen Leistung. Damit
finden sich in solchen Fällen also doch wieder Unterkunftskosten
in der fachlichen Leistung, mit der zwingenden Folge, dass sich die
Menschen, die der fachlichen Leistung nicht mehr bedürfen, die Wohnung nicht leisten können, sofern sie nicht über zusätzliche eigene
Einkünfte verfügen. Hier verlässt das Gesetz also sein Grundprinzip
der Trennung von fachlicher Leistung und unterhaltssichernden Leistungen.

Warum der Gesetzgeber dies so geregelt hat, kann nur speku-
lativ beantwortet werden. Vermutlich standen bei der Regelung die
Fragen der Kostenzuordnung im Fokus. Die Kosten der Unterkunft
erstattet der Bund den Ländern, sie sind also Leistungen des Bundes.
Die fachlichen Leistungen der Eingliederungshilfe gehören dagegen
zu den Aufgaben der Länder. Auch für die Gesetze, die die baulichen
Ausstattungen von gemeinschaftlichen Wohnformen (Heime) regeln,
sind die Bundesländer zuständig. Welche baulichen Anforderungen
eine gemeinschaftliche Unterkunft zu erfüllen hat, ist damit in der
Verantwortung der Länder, die entsprechend nun auch zukünftig für

die finanziellen Folgekosten dieser Auflagen aufkommen müssen und diese zu begrenzen suchen.

Folgen für die psychiatrische Arbeit

Aus fachlicher Sicht ergeben sich mehrere Fragen. Zum einen wird zu klären sein, wie hoch bei der Auseinanderrechnung der Vergütungen stationärer Einrichtungen die Kosten der Unterkunft ausfallen werden. Mit der gesetzlichen Regelung ist gewährleistet, dass die Bewohnerinnen und Bewohner solcher Einrichtung keine Probleme bekommen, sondern die Träger der Eingliederungshilfe die höheren Unterkunftskosten (weiterhin) übernehmen, wenn auch nur solange »ein Wechsel der Räumlichkeiten nicht möglich ist«. Auch für die Anbieter dieser Leistungen ist damit die weitere Finanzierung gesichert. Zu klären wird die Frage sein, ob sich diese Regelung auch auf zukünftige Wohnformen anwenden lässt, in denen Menschen mit Behinderungen in ihren eigenen Wohnungen leben, aber mit anderen Menschen unter einem Dach (Wohnen in Appartements). In diesem Fall verbindet sich dann mit der fachlichen Leistung wieder die Unterkunft. Dies wird weiterhin Menschen in der Abhängigkeit von Leistungserbringern der Eingliederungshilfe halten und damit einer erfolgreichen Integration entgegenwirken.

Abgrenzung Eingliederungshilfe und Pflege

Das Verhältnis der Pflegeleistungen zu denen der Pflege stellte ebenfalls ein zentrales Thema im Gesetzgebungsverfahren dar und wurde heftig diskutiert. Auch in dieser Frage wurden Lösungen in letzter Minute gefunden und diese Lösungen sind folgenreich.

Über der Frage der Zuständigkeit steht weiter der Grundsatz der »Rehabilitation vor Pflege«, der schon im alten § 8 Abs. 3 SGB IX enthalten war. Die dortige Formulierung »durch Leistungen zur Teilhabe Pflegebedürftigkeit zu vermeiden, zu überwinden, zu mindern oder eine Verschlimmerung zu verhüten« findet sich im neuen § 9 Abs. 3 SGB IX wieder. Diesen Grundsatz gilt es also nach wie vor zu beachten.

Dennoch werden für die Eingliederungshilfe besondere Regelungen getroffen. Hier muss sorgfältig zwischen den Leistungen der Pflegeversicherung und denen der Hilfe zur Pflege, die weiterhin Bestandteil der Sozialhilfe bleibt, unterschieden werden.

Für die Pflegeversicherung muss noch einmal differenziert werden, ob die Leistungen ambulant oder stationär erbracht werden, obgleich die Eingliederungshilfe selbst diese Unterscheidung eigentlich nicht mehr vornimmt.

Stationäre Leistungen der Pflegeversicherung

Der alte § 43a SGB XI, der sich auf stationäre Einrichtungen bezieht, bleibt erhalten und wird noch ergänzt:

Inhalt der Leistungen

§ 43a X SGB XI (ab 2020)

Für Pflegebedürftige der Pflegegrade 2 bis 5 in einer vollstationären Einrichtung im Sinne des § 71 Absatz 4 Nummer 1, in der die Teilhabe am Arbeitsleben, an Bildung oder die soziale Teilhabe, die schulische Ausbildung oder die Erziehung von Menschen mit Behinderungen im Vordergrund des Einrichtungszwecks stehen, übernimmt die Pflegekasse zur Abgeltung der in § 43 Absatz 2 genannten Aufwendungen 15 Prozent der nach Teil 2 Kapitel 8 des Neunten Buches vereinbarten Vergütung. Die Aufwendungen der Pflegekasse dürfen im Einzelfall je Kalendermonat 266 Euro nicht überschreiten. Die Sätze 1 und 2 gelten auch für Pflegebedürftige der Pflegegrade 2 bis 5 in Räumlichkeiten im Sinne des § 71 Absatz 4 Nummer 3, die Leistungen der Eingliederungshilfe für Menschen mit Behinderungen nach Teil 2 des Neunten Buches erhalten.

Zum besseren Verständnis:

Pflegeeinrichtungen

§ 71 Absatz 4 SGB XI

(4) Keine Pflegeeinrichtungen im Sinne des Absatzes 2 sind

1. stationäre Einrichtungen …

2. Krankenhäuser sowie

3. Räumlichkeiten,

a) in denen der Zweck des Wohnens von Menschen mit Behinderungen und der Erbringung von Leistungen der Eingliederungshilfe für diese im Vordergrund steht,

b) auf deren Überlassung das Wohn- und Betreuungsvertragsgesetz Anwendung findet und

c) in denen der Umfang der Gesamtversorgung der dort wohnenden Menschen mit Behinderungen durch Leistungserbringer regelmäßig einen Umfang erreicht, der weitgehend der Versorgung in einer voll-

stationären Einrichtung entspricht; bei einer Versorgung der Menschen mit Behinderungen sowohl in Räumlichkeiten im Sinne der Buchstaben a und b als auch in Einrichtungen im Sinne der Nummer 1 ist eine Gesamtbetrachtung anzustellen, ob der Umfang der Versorgung durch Leistungserbringer weitgehend der Versorgung in einer vollstationären Einrichtung entspricht.

Dies bedeutet also, dass die Regelungen der pauschalen Abgeltung von Pflegeleistungen in vollstationären Einrichtungen der Eingliederungshilfe nicht nur erhalten bleiben, sondern auf andere gemeinschaftliche Wohnformen übertragen werden, sofern in diesen »der Umfang der Versorgung durch Leistungserbringer dem einer vollstationären Einrichtungen entspricht«.

Was darunter zu verstehen ist, soll durch eine Richtlinie geregelt werden, die der Spitzenverband Bund der gesetzlichen Pflegekassen bis spätestens zum 1. Juli 2019 zu erlassen hat. »Die Richtlinien nach Satz 2 sind im Benehmen mit dem Verband der privaten Krankenversicherung e. V., der Bundesarbeitsgemeinschaft der überörtlichen Träger der Sozialhilfe und den kommunalen Spitzenverbänden auf Bundesebene zu beschließen; die Länder, die Bundesarbeitsgemeinschaft der Freien Wohlfahrtspflege sowie die Vereinigungen der Träger der Pflegeeinrichtungen auf Bundesebene sind zu beteiligen.« (§ 71 Abs. 4 SGB XI neu) Außerdem bedürfen die Richtlinien auch der Genehmigungen des Bundesministeriums für Gesundheit und des Bundesministeriums für Arbeit und Soziales. Die genaue Vorgabe, mit welchen Verbänden ein »Benehmen« herzustellen ist, und welche zu »beteiligen« sind, wie auch die Genehmigungspflicht zweier Bundesministerien zeigt, welche Brisanz in diesen Richtlinien steckt.

Ambulante Leistungen
der Pflegeversicherung

Die Grundsätze zum Zusammentreffen beider Leistungen finden sich in den Vorschriften des SGB XI, auf die im SGB IX verwiesen wird:

Nachrang der Eingliederungshilfe
§ 91 SGB IX (ab 2020)
(1) Eingliederungshilfe erhält, wer die erforderliche Leistung nicht von anderen oder von Trägern anderer Sozialleistungen erhält.

(2) ...

(3) Das Verhältnis der Leistungen der Pflegeversicherung und der Leistungen der Eingliederungshilfe bestimmt sich nach § 13 Absatz 3 des Elften Buches...

Dort heißt es:

§ 13 SGB XI (seit 2017)
(4) Treffen Leistungen der Pflegeversicherung und Leistungen der Eingliederungshilfe zusammen, vereinbaren mit Zustimmung des Leistungsberechtigten die zuständige Pflegekasse und der für die Eingliederungshilfe zuständige Träger,
1. dass im Verhältnis zum Pflegebedürftigen der für die Eingliederungshilfe zuständige Träger die Leistungen der Pflegeversicherung auf der Grundlage des von der Pflegekasse erlassenen Leistungsbescheids zu übernehmen hat,
2. dass die zuständige Pflegekasse dem für die Eingliederungshilfe zuständigen Träger die Kosten der von ihr zu tragenden Leistungen zu erstatten hat sowie 3. die Modalitäten der Übernahme und der Durchführung der Leistungen sowie der Erstattung.

Der Spitzenverband Bund der Pflegekassen beschließt gemeinsam mit der Bundesarbeitsgemeinschaft der überörtlichen Träger der Sozialhilfe bis zum 1. Januar 2018 in einer Empfehlung Näheres zu den Modalitäten der Übernahme und der Durchführung der Leistungen sowie der Erstattung und zu der Beteiligung des für die Hilfe zur Pflege zuständigen Trägers. Die Länder, die kommunalen Spitzenverbände auf Bundesebene, die Bundesarbeitsgemeinschaft der Freien Wohlfahrtspflege, die Vereinigungen der Träger der Pflegeeinrichtungen auf Bundesebene, die Vereinigungen der Leistungserbringer der Eingliederungshilfe auf Bundesebene sowie die auf Bundesebene maßgeblichen Organisationen für die Wahrnehmung der Interessen und der Selbsthilfe pflegebedürftiger und behinderter Menschen sind vor dem Beschluss anzuhören. Die Empfehlung bedarf der Zustimmung des Bundesministeriums für Gesundheit und des Bundesministeriums für Arbeit und Soziales.

Das Gesamtplanverfahren enthält für den Fall des Zusammentreffens mit einer Pflegebedürftigkeit neue konkrete Vorschriften, die ein völlig neues Verfahren einleiten:

§ 141 Abs. 3 SGB XII (seit 2018; § 117 Abs. 3 SGB IX ab 2020)

(3) Bestehen Anhaltspunkte für eine Pflegebedürftigkeit nach dem Elften Buch, wird die zuständige Pflegekasse mit Zustimmung der Leistungsberechtigten vom Träger der Eingliederungshilfe informiert und muss am Gesamtplanverfahren beratend teilnehmen, soweit dies zur Feststellung der Leistungen nach den Kapiteln 3 bis 6 erforderlich ist. Bestehen Anhaltspunkte, dass Leistungen der Hilfe zur Pflege nach dem Siebten Kapitel des Zwölften Buches erforderlich sind, so soll der Träger dieser Leistungen mit Zustimmung der Leistungsberechtigten informiert und am Gesamtplanverfahren beteiligt werden, soweit dies zur Feststellung der Leistungen nach den Kapiteln 3 bis 6 erforderlich ist.

Eine entsprechende Vorschrift findet sich auch im §13 Abs. 4a SGB XI.

Hier beschreitet der Gesetzgeber einen neuen und in der Logik des gesamten BTHG folgerichtigen Weg. Analog zu den Vorschriften der Teilhabeplanung, zu denen sich die beteiligten Leistungsträger zusammenfinden müssen, müssen sich auch Eingliederungshilfeträger und Pflegekassen zu einer gemeinsam Planung zusammenfinden, die Zustimmung des Leistungsberechtigten voraussetzt. RASCH (2017, S. 111) weist darauf hin, dass diese Zustimmung auch nur befristet erteilt werden könne, um die Auswirkungen der Koordination beobachten und ggf. die Zustimmung auch wieder zurücknehmen zu können.

Noch offen scheint die Frage zu sein, wie sich das Verhältnis zu den Leistungserbringern gestalten wird. Es ist darauf zu achten, dass das Wunsch- und Wahlrecht der Leistungsberechtigten nicht eingeschränkt ist. Das wird auch für die Wahl der Leistung, ob Sachleistung, Geldleistung oder die Kombination von beiden Leistungen gelten. Grundsätzlich ist davon auszugehen, dass die Vereinbarungen zwischen den Leistungserbringern und den Pflegekassen auch auf diese Regelungen anzuwenden sind.

Leistungen der Hilfe zur Pflege

Die Hilfe zur Pflege bleibt als 7. Kapitel im SGB XII, also in der Sozialhilfe, erhalten. Aber auch für das Zusammentreffen dieser Leistungen mit denen der Eingliederungshilfe hat das BTHG eine neue Nahtstelle geschaffen.

§ 103 SGB IX (ab 2020)
(2) Werden Leistungen der Eingliederungshilfe außerhalb von Einrichtungen oder Räumlichkeiten im Sinne des § 43a des Elften Buches

in Verbindung mit § 71 Absatz 4 des Elften Buches erbracht, umfasst die Leistung auch die Leistungen der häuslichen Pflege nach den §§ 64a bis 64f, 64i und 66 des Zwölften Buches, solange die Teilhabeziele nach Maßgabe des Gesamtplanes (§ 121) erreicht werden können, es sei denn der Leistungsberechtigte hat vor Vollendung des für die Regelaltersrente im Sinne des Sechsten Buches erforderlichen Lebensjahres keine Leistungen der Eingliederungshilfe erhalten. Satz 1 gilt entsprechend in Fällen, in denen der Leistungsberechtigte vorübergehend Leistungen nach den §§ 64g und 64h des Zwölften Buches in Anspruch nimmt. Die Länder können durch Landesrecht bestimmen, dass der für die Leistungen der häuslichen Pflege zuständige Träger der Sozialhilfe die Kosten der vom Träger der Eingliederungshilfe erbrachten Leistungen der häuslichen Pflege zu erstatten hat.

Diese Vorschrift stellt auf das sogenannte Lebenslagenmodell ab, das von den Bundesländern über den Bundesrat vorgeschlagen worden war. Es kommt zukünftig auf das Lebensalter der Menschen an, die Leistungen der Eingliederungshilfe beantragen. Tun sie dies vor dem Eintritt ins Rentenalter, erbringt der Träger der Eingliederungshilfe auch die Leistungen der Hilfe zur Pflege und zwar über das Rentenalter hinaus. Auch hier gilt wieder das Prinzip »Leistungen wie aus einer Hand«, jedenfalls mit Blick auf den zuständigen Kostenträger. Werden Eingliederungshilfeleistungen erst nach dem Eintritt in das Rentenalter beantragt, stehen die beiden Leistungen nebeneinander. Es handelt sich also um ein trennscharfes Unterscheidungsmerkmal.

Bedeutsam ist dies insbesondere mit Blick auf die Anwendung der Regelungen zur Anrechnung von Einkommen und Vermögen, die in der Sozialhilfe deutlich anders als in der Eingliederungshilfe sein werden. Auch für die Hilfe zur Pflege gilt im Übrigen der grundsätzliche Vorrang von Leistungen zur Rehabilitation und Teilhabe (§ 9 SGB IX neu). In der Begründung zum § 103 Abs. 2 SGB IX n. F.

heißt es: »Eingliederungshilfe und Hilfe zur Pflege haben auch nach Einführung des neuen Pflegebedürftigkeitsbegriffs grundsätzlich unterschiedliche Aufgaben. Aufgabe der Pflege ist die Kompensation von gesundheitlich bedingten Beeinträchtigungen der Selbstständigkeit oder der Fähigkeiten. Aufgabe der Eingliederungshilfe ist die Förderung der vollen, wirksamen und gleichberechtigten Teilhabe am Leben in der Gesellschaft.« (BT-Drucksache 18 / 10523, S. 58, zitiert nach RASCH 2017, S. 113)

Folgen für die psychiatrische Arbeit

Die Chancen dieser neuen Regelungen für Leistungen außerhalb von Einrichtungen liegen auf der Hand: Nicht der Mensch mit Behinderung muss sich im Zweifelsfall mit verschiedenen Leistungsträgern separat auseinandersetzen, sondern diese müssen sich im Gesamtplanverfahren, ggf. im Teilhabeplanverfahren, untereinander beraten, wie sie die Ansprüche der Bürger umsetzen wollen. Diese Auseinandersetzung setzt das Einverständnis der Leistungsberechtigten voraus und muss im Gesamtplan dokumentiert und damit auch der Nachprüfung zugänglich gemacht werden.

Diese wechselseitige Beratung der Leistungsträger ist noch nicht geübt und bedarf daher der schrittweisen Umsetzung. Die Pflegekassen werden klären müssen, wer für sie die Beratung im Gesamtplanverfahren übernimmt. Dabei wird die Einschätzung des Medizinischen Dienstes der Pflegeversicherung nicht ohne Einfluss sein, da in dem neuen Begutachtungsassessment auch Hinweise zur Rehabilitation gegeben werden sollen.

Für Bürger mit Behinderungen ist zukünftig nur noch der Träger der Eingliederungshilfe der Ansprechpartner, wenn sie das so wünschen. Dabei wird es sehr darauf ankommen, auf der Beteiligung am Gesamtplanverfahren zu bestehen, um nicht mit Regelungen konfrontiert zu werden, die an den Zielen und Wünschen der Betreffenden vorbeigehen.

Für Menschen mit seelischer Beeinträchtigung könnte es sinnvoll sein, sich für diese Abstimmungsverfahren Unterstützung bei vertrauten Personen zu holen. Ziel dieser neuen Regelungen ist es, den Menschen das Verfahren zu erleichtern und sie nicht zusätzlich zu belasten.

Neue Wege zur Arbeit

Mit dem BTHG verbanden sich auch vielfältige unterschiedliche Erwartungen, dass neue Zugänge zu Arbeit und Beschäftigung gefunden werden. Im Aushandlungsprozess sind zwei neue Leistungen übrig geblieben, die in Anspruch genommen werden können. Beide sind sehr stark von der Ausgestaltung in den jeweiligen Bundesländern abhängig.

Andere Leistungsanbieter

Andere Leistungsanbieter sind anders als Werkstätten für Menschen mit Behinderungen (WfbM). Die §§ 56 bis 59 SBG IX regeln die Leistungen in Werkstätten für Behinderungen, insbesondere für den Eingangs- und Berufsbildungsbereich (§ 57) und für den Arbeitsbereich (§ 58). Werkstätten sind Einrichtungen, die einer hohen Regelungsdichte ausgesetzt sind, nicht nur gesetzlicher Art, sondern auch durch die Werkstättenverordnung. In einer WfbM treffen außerdem Leistungen verschiedener Kostenträger aufeinander: Der Eingangs- und Berufsbildungsbereich bietet Leistungen zur Teilhabe am Arbeitsleben an, die von der Agentur für Arbeit oder der Rentenversicherung erbracht werden. Der Arbeitsbereich der WfbM fällt in die Zuständigkeit des Trägers der Eingliederungshilfe. Die anderen Leistungsanbieter können für beide Leistungsträger tätig werden, sie sind aber von einigen Vorschriften befreit, die für die WfbM gelten.

Andere Leistungsanbieter
§ 60 SGB IX (seit 2018)
(1) Menschen mit Behinderungen, die Anspruch auf Leistungen nach den §§ 57, 58 haben, können diese auch bei einem anderen Leistungsanbieter in Anspruch nehmen.

(2) Die Vorschriften für Werkstätten für behinderte Menschen gelten mit folgenden Maßgaben für andere Leistungsanbieter:

1. sie bedürfen nicht der förmlichen Anerkennung,

2. sie müssen nicht über eine Mindestplatzzahl und die für die Erbringung der Leistungen in Werkstätten erforderliche räumliche und sächliche Ausstattung verfügen,

3. sie können ihr Angebot auf Leistungen nach §§ 57 oder 58 oder Teile solcher Leistungen beschränken,

4. sie sind nicht verpflichtet, Menschen mit Behinderungen Leistungen nach §§ 57 oder 58 zu erbringen, wenn und solange die Leistungsvoraussetzungen vorliegen,

5. eine dem Werkstattrat vergleichbare Vertretung wird ab fünf Wahlberechtigten gewählt. Sie besteht bei bis zu 20 Wahlberechtigten aus einem Mitglied und

6. eine Frauenbeauftragte wird ab fünf wahlberechtigten Frauen gewählt, eine Stellvertreterin ab 20.

(3) Eine Verpflichtung des Leistungsträgers, Leistungen durch andere Leistungsanbieter zu ermöglichen, besteht nicht.

Die näheren Bestimmungen zu den anderen Leistungsanbietern müssen auf Länderebene ausgehandelt werden. Hierzu werden die Verbände der Leistungserbringer mit den Trägern der Eingliederungshilfe unter Beteiligung der Selbsthilfeverbände Rahmenverträge abschließen (§ 131 SGB IX neu). Die anderen Leistungsanbieter können also etwas freier in der Ausgestaltung ihrer Angebote werden. Daher bestehen Möglichkeiten, Angebote zielgruppenspezifisch auszugestalten und flexiblere Möglichkeiten einer Beschäftigung zu entwickeln, als sie unter den vollumfänglichen Bedingungen der Werkstättenverordnung möglich sind. Zu beachten ist, dass die daran Interessierten die Bedingung erfüllen müssen, die Leistungen einer WfbM beanspruchen zu können. Insofern schränkt sich der Kreis der Personen ein, der von diesen Leistungen Gebrauch machen kann.

Budget für Arbeit

Noch deutlicher schränkt sich der Personenkreis für die Leistungen des Budgets für Arbeit ein. Um diese Angebote in Anspruch nehmen zu können, müssen die Bürgerinnen und Bürger in der Regel den Eingangs- und Berufsbildungsbereich der Werkstatt für behinderte Menschen schon einmal durchlaufen haben oder anderweitig die Berechtigung erlangt haben, den Arbeitsbereich der WfbM zu besuchen.

Bei der Gestaltung des Budgets für Arbeit standen Erfahrungen aus einigen Bundesländern Pate, z. B. Rheinland-Pfalz. Dort wurden mit ähnlichen Angeboten bereits gute Erfahrungen gemacht.

Kurz gefasst bedeutet das Budget für Arbeit, dass ein Mensch mit Behinderungen sich einen Arbeitsplatz auf dem allgemeinen Arbeitsmarkt »beschaffen« und dort ein ortsübliches Einkommen erzielen kann. Der Arbeitgeber erhält dann bis zu 75 % der Lohnkosten als Zuschuss erstattet. Die Regelung ist aber an bestimmte Bedingungen gekoppelt.

Budget für Arbeit
§ 61 SGB IX (seit 2018)
(1) Menschen mit Behinderungen, die Anspruch auf Leistungen nach § 58 haben und denen von einem privaten oder öffentlichen Arbeitgeber ein sozialversicherungspflichtiges Arbeitsverhältnis mit einer tarifvertraglichen oder ortsüblichen Entlohnung angeboten wird, erhalten mit Abschluss dieses Arbeitsvertrages als Leistungen zur Teilhabe am Arbeitsleben ein Budget für Arbeit.

(2) Das Budget für Arbeit umfasst einen Lohnkostenzuschuss an den Arbeitgeber zum Ausgleich der Leistungsminderung des Beschäftigten

und die Aufwendungen für die wegen der Behinderung erforderliche Anleitung und Begleitung am Arbeitsplatz. Der Lohnkostenzuschuss beträgt bis zu 75 Prozent des vom Arbeitgeber regelmäßig gezahlten Arbeitsentgeltes, höchstens jedoch 40 Prozent der monatlichen Bezugsgröße nach § 18 Absatz 1 des Vierten Buches. Dauer und Umfang der Leistungen bestimmen sich nach den Umständen des Einzelfalls. Durch Landesrecht kann von dem Prozentsatz der Bezugsgröße nach Satz 2, zweiter Halbsatz abgewichen werden.

(3) Ein Lohnkostenzuschuss ist ausgeschlossen, wenn zu vermuten ist, dass der Arbeitgeber die Beendigung eines anderen Beschäftigungsverhältnisses veranlasst hat, um den Lohnkostenzuschuss zu erhalten.

(4) Die am Arbeitsplatz wegen der Behinderung erforderliche Anleitung und Begleitung kann von mehreren Leistungsberechtigten gemeinsam in Anspruch genommen werden.

(5) Eine Verpflichtung des Leistungsträgers, Leistungen zur Beschäftigung bei privaten oder öffentlichen Arbeitgebern zu ermöglichen, besteht nicht.

Die Bezugsgröße nach § 18 Abs. 1 SGB IV ist ein vielfältig wichtiger Parameter für Grenzwerte in der Sozialversicherung. Sie markiert z. B. die Einkommensgrenze für die Familienversicherung oder die Bemessungsgrundlag für den Mindestbeitrag freiwillig Versicherter. Der Betrag wird jährlich angepasst. Im Jahr 2017 betrug die Bezugsgröße 2.975 Euro monatlich oder 35.700 Euro im Jahr. Durch die Deckelung des Lohnkostenzuschusses auf 40 % der Bezugsgröße hätte der höchstmögliche Lohnkostenzuschuss 1.190 Euro betragen. Allerdings können die Bundesländer entscheiden, diesen Lohnkostenzuschuss zu erhöhen, Nordrhein-Westfalen und Baden-Württemberg haben das Ende 2017 bereits beschlossen (vgl. BECKER 2018, S. 40).

Die Bedingung für ein Budget für Arbeit ist ein sozialversicherungspflichtiges Beschäftigungsverhältnis mit ortsüblicher oder tarifvertraglicher Entlohnung, also mindestens dem gesetzlichen Mindestlohn. Ferner darf durch den Einsatz des Budgets für Arbeit kein Arbeitsverhältnis beendet werden.

Die Gesetzesbegründung zu diesem neuen § 61 SGB IX macht deutlich, dass für Menschen, die den Berufsbildungsbereich einer Werkstatt oder eines anderen Anbieters durchlaufen haben, eine mögliche Alternative zum Arbeitsbereich der WfbM geschaffen werden soll. Sie sollen eine Wahlmöglichkeit zwischen der WfbM und einem Arbeitsverhältnis auf dem allgemeinen Arbeitsmarkt haben. »Die Alternative besteht darin, dass ein Lohnkostenzuschuss nebst Anleitung und Begleitung ermöglicht wird, der einen Arbeitgeber dazu bewegt, mit dem Menschen mit Behinderungen trotz dessen voller Erwerbsminderung einen regulären Arbeitsvertrag zu schließen. ... Von einem Budget für Arbeit können nicht nur Werkstattbeschäftigte profitieren, die die Werkstatt verlassen wollen. Es profitieren auch Jugendliche mit Behinderungen, die im Rahmen ihrer beruflichen Orientierung für die Zeit nach ihrer beruflichen Bildung ein Budget für Arbeit in Aussicht nehmen. Nicht zuletzt profitieren Menschen mit einer seelischen Behinderung, die bereits heute dem Grunde nach anspruchsberechtigt sind, aber nicht in der Werkstatt für behinderte Menschen arbeiten wollen und deswegen gar keine Leistungen in Anspruch nehmen.« (BT-Drucksache 18 / 9522, S. 255)

In der Begründung wird weiter ausgeführt, dass das Budget für Arbeit so ausgestaltet werden soll, dass die Nutzenden aus der Entlohnung ihren Lebensunterhalt oder wenigstens einen großen Teil davon bestreiten können. »Darüber hinaus wird der Mensch mit Behinderungen eine möglicherweise dauerhafte persönliche Unterstützung benötigen, um die Tätigkeit ausüben zu können. Auch die hierfür erforderlichen finanziellen Aufwendungen, etwa für eine Arbeitsassistenz oder einen Jobcoach, gehören zu den Leistungen im Rahmen des Budgets für Arbeit. Dauer und Umfang der Leistungen bestimmen sich nach den Umständen des Einzelfalls. Danach können Leistungen auch zeitlich begrenzt und degressiv ausgestaltet werden.« (ebd., S. 256) Ferner soll geregelt sein, dass Budgetnehmende wieder in die Werkstatt zurückkehren können, wenn sie dies wünschen.

Sehr beachtlich ist, dass diese Leistung nicht zeitlich befristet ist. Damit wird erstmalig eine dauerhafte Unterstützung auf dem allgemeinen Arbeitsmarkt möglich, wenn Menschen mit Behinderungen dies wünschen und Arbeitgeber dies möglich machen.

Die Formulierung »sozialversicherungspflichtiges Arbeitsverhältnis« legt nahe, dass es sich um ein reguläres Arbeitsverhältnis im Sinne des Arbeitsrechtes handelt. Es unterliegt nur der Besonderheit, dass keine Beträge zur Arbeitslosenversicherung abgeführt werden müssen, da es sich um voll erwerbsgeminderte Personen handeln muss. Anderenfalls hätten sie keinen Anspruch auf Leistungen im Arbeitsbereich der WfbM. Dies wird bei den Vereinbarungen mit den Arbeitgebern zu beachten sein. Baden-Württemberg hat durch die Einbindung der Bundesagentur für Arbeit allerdings auch dies möglich gemacht (vgl. BECKER 2018, S. 41). Hier sieht man schon, wie sehr die Ausgestaltung der neuen Wege zur Arbeit von den Rahmenverträgen auf Länderebene abhängen wird.

Modellprojekte nach § 11 SGB IX

Die Bundesregierung hat ferner Modellprojekte angeregt, mit denen erprobt werden soll, welche Möglichkeiten es im Zuständigkeitsbereich der Rentenversicherung und der Jobcenter gibt, den rechtzeitigen Zugang zu Rehabilitationsleistungen zu sichern und den Eintritt von dauerhafter und voller Erwerbsminderung für behinderte Menschen zu verhüten.

Förderung von Modellvorhaben zur Stärkung der Rehabilitation
§ 11 SGB IX (seit 2018)

(1) Das Bundesministerium für Arbeit und Soziales fördert im Rahmen der für diesen Zweck zur Verfügung stehenden Haushaltsmittel im Aufgabenbereich der Grundsicherung für Arbeitsuchende und der gesetzlichen Rentenversicherung Modellvorhaben, die den Vorrang von Leistungen zur Teilhabe nach § 9 und die Sicherung der Erwerbsfähigkeit nach § 10 unterstützen.

(2) Das Nähere regeln Förderrichtlinien des Bundesministeriums für Arbeit und Soziales. Die Förderdauer der Modellvorhaben beträgt fünf Jahre. Die Förderrichtlinien enthalten ein Datenschutzkonzept.

In der Begründung dazu heißt es: »Die Jobcenter sollen im Rahmen von Modellvorhaben für den im SGB II anspruchsberechtigten Personenkreis dabei unterstützt werden, Menschen mit Rehabilitationsbedarfen frühzeitig anzusprechen und auch mit zusätzlichen und / oder innovativen Maßnahmen und Handlungsansätzen zu fördern, insbesondere um vor einem Übergang in eine WfbM alternative Möglichkeiten zu erproben. Hierzu können z. B. Teams mit qualifizierten Spezialisten in den Jobcentern eingerichtet werden, die erweiterte Ressourcen erhalten, um Rehabilitationsbedarfe früh zu erkennen. Zusätzlich können die Jobcenter ermächtigt und dabei gefördert werden, externe Fachleute zu beauftragen, die als spezialisierte Beratungsfachkräfte erwerbsfähige Personen mit gesundheitlichen Herausforderungen bei der Orientierung innerhalb des Systems der Sozialleistungsträger begleiten und dabei helfen, Unterstützungsangebote im Rahmen der Antragstellung wahrzunehmen sowie gesundheitsfördernde, sportliche oder sozialpsychologische Angebote zu nutzen, noch bevor sich konkrete Rehabilitationsbedarfe manifestieren. Die gesetzliche Rentenversicherung kann im Wege der geförderten Modellvorhaben Möglichkeiten erproben, wie sie durch neue Leistungen und eine noch frühzeitigere Intervention bei betroffenen Versicherten eine drohende Erwerbsminderung verhindern kann. Die Modellvorhaben sollen vor dem Eintritt von Rehabilitationsbedarfen, von befristeten und dauerhaften Erwerbsminderungsrenten und vor einem Übergang in Werkstätten für behinderte Menschen ansetzen. Ziel ist es, die Grundsätze ›Prävention vor Rehabilitation‹ und ›Rehabilitation vor Rente‹« zu stärken und den Zugang in die Erwerbsminderungsrente und in die Eingliederungshilfe zu verhindern.« (BT-Drucksache 18 / 9522, S. 231)

Die Modellprojekte sind eine gute Gelegenheit, neue Verfahren, Wege, Instrumente und Leistungen zu entwickeln, die sicherstellen, dass die Leistungen zur Rehabilitation und Teilhabe auch tatsächlich ihre Wirkung entfalten und Erwerbsminderung vermeiden helfen. Die Bundesregierung will dazu in den Jahren 2018, 2019 und 2020 jeweils 200 Millionen Euro zur Verfügung stellen. Die Modellvorhaben sollen in der Verantwortung der Jobcenter und der Rentenversicherungen durchgeführt werden.

Folgen für die psychiatrische Arbeit

Im Bereich der Hilfen im Bereich Arbeit und Beschäftigung werden sich zwei neue Regelleistungen etablieren. Zum einen wird eine einfachere Art der Werkstatt für Menschen mit Behinderungen flexiblere Beschäftigungsmöglichkeiten anbieten. Zum anderen wird das Budget für Arbeit ganz neue, werkstattunabhängige Möglichkeiten schaffen. Auch ein Arbeitsplatz bei der Floristin gegenüber wäre nun vorstellbar. Während davon auszugehen ist, dass auch die anderen Leistungsanbieter eine hohe Regelungsdichte aufweisen werden, könnten sich die Budgets für Arbeit zu einer echten individualisierten Leistungsform entwickeln. Das alles setzt voraus, dass die landesrechtlichen Regelungen so ausgestaltet werden, dass sie tatsächlich individuelle Wege ins

Arbeitsleben ermöglichen. Insofern kommt der Ausgestaltung in den Bundesländern eine ganz wesentliche Bedeutung zu.

Für Menschen mit seelischen Beeinträchtigungen ist es erforderlich, im Rahmen von Teilhabe- oder Gesamtplänen sehr persönlich zugeschnittene Möglichkeiten der Beschäftigung zu schaffen. Das sonst im Feld der Teilhabeleistungen übliche Verfahren von »eingekauften« Maßnahmepaketen ist gerade für diesen Personenkreis nur wenig hilfreich. Nicht zuletzt deshalb ist die Rate der Frühberentung von Menschen mit schweren psychischen Erkrankungen so hoch. »So wurden männliche Versicherte der Diagnosegruppe Schizophrenie 2012 im Durchschnitt bereits mit 39 Jahren und Frauen im Alter von 44 Jahren frühberentet, während das durchschnittliche Renteneintrittsalter bezogen auf die Gesamtbevölkerung bei den Männern bei 51 Jahren und bei den Frauen bei 50 Jahren lag.« (KORTMANN u. a. 2017)

Es muss also gelingen, diese neuen Möglichkeiten so auszugestalten, dass sie individuell anpassbar werden. Auch das wird nun eine politische Arbeit in der konkreten Umsetzung des BTHG werden (und bleiben).

Vertragsrecht

Die Seite der Leistungserbringer wird im neuen Recht der Leistungen zur Rehabilitation und Teilhabe tendenziell geschwächt. Sie nehmen nun eher die Rolle eines Dienstleisters ein. Ihre Einbeziehung bei der Teilhabe- und Gesamtplanung ist möglich, aber sie ist nicht systematisch vorgesehen. Dennoch sind Leistungen ohne Leistungserbringer nicht möglich. Daher wird auch das Recht der Leistungserbringung an verschiedenen Stellen gestärkt.

Es bleibt der Grundsatz erhalten, dass Leistungen nur erbracht werden dürfen, wenn eine Vereinbarung zwischen dem Leistungsträger und dem Leistungserbringer geschlossen wird. Auch der Gegenstand dieser Vereinbarung ist im Wesentlichen unverändert geblieben.

Auf deutliche Kritik seitens der Verbände der Leistungserbringer ist das nun gesetzlich verankerte Recht auf Prüfung der Wirtschaftlichkeit und Qualität der Leistungen gestoßen, das bisher nur eine Aufgabe für die Verhandlungen zwischen den Trägern der Sozialhilfe und den Leistungserbringern war. Prüfungen können nun grundsätzlich und auch ohne Anlass durchgeführt werden. Allerdings muss für die Form der Prüfung auch weiterhin in den Rahmenverträgen auf Landesebene eine Vereinbarung gefunden werden.

Parallel wurde beschlossen, dass auch die Vereinbarungen von Leistungen in Zukunft schiedsstellenfähig sind. Bislang konnte im Falle einer Nichteinigung die Schiedsstelle nur angerufen werden, wenn die Verhandlungen über die Vergütung von Leistungen gescheitert waren. Diese neue Regelung schafft für beide Seiten Optionen: Vergütungsvorschriften bedürfen ausreichend differenziert beschriebener Leistungen. Hinsichtlich dieser Leistungen ist eine Übereinkunft zu erzielen. So ist es vorstellbar, dass Leistungsträger angebotene Leistungen aus Kostengründen nicht erbracht haben und damit auch nicht finanzieren wollen, denkt man nur mal an die Vorgabe, dem Wohnen außerhalb besonderer Wohnformen den Vorzug zu geben, wenn der Mensch mit Behinderung dies wünscht (§ 104 SGB IX neu). Genauso ist auch vorstellbar, dass Leistungserbringer nicht immer gewillt sind, Leistungen anzubieten, die z. B. auf Widerstand bei Mitarbeitenden stoßen. Es wird in ländlichen Regionen nicht immer einfach sein, den Anspruch auf »Erreichbarkeit einer Ansprechperson unabhängig von der konkreten Inanspruchnahme« (§ 78 Abs. 6 SGB IX n. F.) zu gestalten. Der Anspruch der Menschen mit Behinderungen richtet sich gegen den Leistungsträger. Dieser muss also auch die Möglichkeit haben, die Leistung tatsächlich zur Verfügung zu stellen. Mit dem Schiedsverfahren gibt es ein Instrument, um einen vernünftigen Ausgleich zwischen den Interessen der Leistungserbringer und denen der Leistungsträger zu gestalten.

Rahmenverträge

Die Vereinbarung von Rahmenverträgen auf Landesebene zwischen den Verbänden der Leistungserbringer und den Trägern der Eingliederungshilfe ist auch weiterhin im Vertragsrecht des SGB IX vorgesehen. Neu daran ist allerdings, dass nun die durch »Landesrecht bestimmten maßgeblichen Interessenvertretungen der Menschen mit Behinderungen« bei der Erarbeitung und Beschlussfassung der Rahmenverträge mitwirken (§ 131 Abs. 2 SGB IX neu). Dieses Mitwirkungsrecht stellt eine komplexe Herausforderung dar, denn die Regelungen in den Rahmenverträgen und in den Vereinbarungen mit den Leistungserbringern sind sehr oft nur für die beteiligten Expertinnen und Experten verständlich. Diese Vereinbarungen sind nun so zu fassen, dass sie auch den Interessenvertretungen von Menschen mit Behinderungen zugänglich werden. Dadurch wird sich die Verhandlungskultur verändern. Erörterungen, die hohes Expertenwissen voraussetzen, müssen diskriminierungsfrei so geführt werden, dass auch die Vertreterinnen der Menschen mit Behinderungen sie verstehen, nachvollziehen und auf ihre Auswirkungen für die Betroffenen überprüfen können. Aus Sicht des psychiatrischen Hilfesystems wird darauf zu achten sein, dass nicht nur die meist sehr aktiven Verbände von Menschen mit körperlichen Beeinträchtigungen daran beteiligt werden, sondern ebenso die Interessenvertretungen der Menschen mit seelischen Beeinträchtigungen, denn die Formen und Methoden der Assistenz werden sich des Öfteren fachlich unterscheiden. Daher ist auch hier wieder eine intensive Lobbyarbeit der Menschen mit seelischen Beeinträchtigungen erforderlich, um deren Anliegen das notwendige Gehör zu verschaffen.

Zu Recht wird seitens der Interessenvertretung Netzwerk Selbsthilfe seelische Gesundheit (NetzG) gefordert, dass den Verbänden von Menschen mit Behinderungen dafür die erforderliche Unterstützung zuteilwerden muss. Eine Analogie könnte hier in der Ausgestaltung des Gemeinsamen Bundesausschusses (G-BA) zu finden sein. Auch dort hat der Gesetzgeber systematisch die Beteiligung der Vertretung von Patientinnen und Patienten vorgesehen. Unterstützt werden diese durch die Stabsstelle Patientenvertretung im G-BA. Auch wenn diese Unterstützung noch bei Weitem nicht die erforderliche Dimension erreicht hat, zeigt sie, wie Unterstützung grundsätzlich organisiert werden kann. Vergleichbare Unterstützungsformen sind für die Vertretungen bei den Rahmenvertragsverhandlungen zu entwickeln.

Wirtschaftlicher Vergleich und Vergütung der Mitarbeitenden

Das BTHG legt fest, dass die Anbieter von Leistungen sich dem Preisvergleich aussetzen müssen. Dies entspricht einer schon lange geübten Praxis. Dahinter steht erkennbar das Ziel, durch den Vergleich von Preisen die Anbieter in einen Preiswettbewerb »nach unten« zu treiben und dabei die »Wirtschaftlichkeitsreserven« zu heben. Im Grundsatz ist dieser Trend nicht neu, sondern auch schon vor allem im Bereich der gesetzlichen Pflegeversicherung länger geübte und durch Gerichtsurteile bestätigte Praxis. Dabei werden die Anbieter vergleichbarer Leistungen bei der Vereinbarung einer angemessenen Vergütung miteinander verglichen. Liegt die vom Anbieter angebotene Vergütung im unteren Drittel der Vergleichsgruppe, gilt die Vergütung als wirtschaftlich angemessen. Liegt sie darüber, hängt die Angemessenheit von den Gründen für die höhere Vergütung ab. Da die Träger der Eingliederungshilfe gehalten sind, vor dem Hintergrund des Wunsch- und Wahlrechtes von Menschen mit Behinderungen auch die Preise für vergleichbare Leistungen unterschiedlicher Anbieter zu betrachten (§ 104 SGB IX neu), kommt diesem Preisvergleich eine hohe Bedeutung zu.

§ 124 Absatz 1 SGB IX (ab 2020)

… Die Bezahlung tariflich vereinbarter Vergütungen sowie entsprechender Vergütungen nach kirchlichen Arbeitsrechtsregelungen kann dabei nicht als unwirtschaftlich abgelehnt werden, soweit die Vergütung aus diesem Grund oberhalb des unteren Drittels liegt.

Hier setzt der Gesetzgeber dem Wettbewerb »nach unten« eine wichtige Grenze, denn die Bezahlung einer tarifvertraglich vereinbarten Vergütung der Mitarbeitenden einer Organisation darf nicht mehr als unwirtschaftlich angesehen werden. Ein starkes Signal in die Szene der Leistungserbringer, das möglicherweise grundsätzliche Bedeutung haben kann und – hoffentlich – auch haben wird.

In der Gesetzesbegründung zum zukünftigen Vertragsrecht nach dem Teil 2 des SGB IX wird differenziert ausgeführt, dass auch zukünftig Leistungen der Eingliederungshilfe nicht ausgeschrieben werden können und nicht den europäischen Richtlinien über die Ausschreibung von Dienstleistungen unterliegen. Nicht zuletzt die Gestaltung des Dreiecksverhältnisses zwischen dem Leistungsberechtigten, dem Leistungsträger und dem Leistungserbringer bildet die Begründung für die Nichtanwendung der Ausschreibungsgrundsätze. Auch damit wird eine Klarstellung vorgenommen, die der immer wieder aufkommenden Frage nach der Verpflichtung zur Durchführung von Ausschreibungsverfahren ein Ende setzen wird.

Öffnungsklausel und Erprobungen

Grundsätzlich sind mit der Vergütungsvereinbarung Pauschalen für die zu erbringenden Leistungen festzulegen. Diese sind an Gruppen von Leistungsberechtigten mit vergleichbarem Bedarf oder Stundensätzen zu kalkulieren. Auch diese Regelungen sind aus dem Sozialhilferecht bekannt, wenngleich sie zwischenzeitlich geringfügig geändert wurden. Nun ist ein neuer Satz im § 125 SGB IX enthalten, der den Trägern der Eingliederungshilfe die Möglichkeit gibt, andere Formen der Abrechnung zu entwickeln:

§ 125 SGB IX (ab 2020)

(3) Mit der Vergütungsvereinbarung werden unter Berücksichtigung der Leistungsmerkmale nach Absatz 2 Leistungspauschalen für die zu erbringenden Leistungen unter Beachtung der Grundsätze nach § 123 Absatz 2 festgelegt. Förderungen aus öffentlichen Mitteln sind anzurechnen. Die Leistungspauschalen sind nach Gruppen von Leistungsberechtigten mit vergleichbarem Bedarf oder Stundensätzen sowie für die gemeinsame Inanspruchnahme durch mehrere Leistungsberechtigte (§ 116 Absatz 2) zu kalkulieren. Abweichend von Satz 1 können andere geeignete Verfahren zur Vergütung und Abrechnung der Fachleistung unter Beteiligung der Interessenvertretungen der Menschen mit Behinderungen vereinbart werden.

Der letzte Satz schafft die Öffnung, andere Vergütungsregelungen zu entwickeln oder weiterzuführen, wenn sie in den letzten Jahren bereits eingeführt wurden. Darüber hinaus hat der Gesetzgeber Raum für Erprobungen von neuen Leistungs- und Finanzierungsstrukturen geschaffen.

Abweichende Zielvereinbarungen
§ 132 SGB IX (ab 2020)
(1) Leistungsträger und Träger der Leistungserbringer können Zielvereinbarungen zur Erprobung neuer und zur Weiterentwicklung der bestehenden Leistungs- und Finanzierungsstrukturen abschließen.

(2) Die individuellen Leistungsansprüche der Leistungsberechtigten bleiben unberührt.

(3) Absatz 1 gilt nicht, soweit auch Leistungen nach dem Siebten Kapitel des Zwölften Buches gewährt werden.

Es ist nicht ersichtlich, warum die Regelungen nach § 125 Absatz 3 SGB IX mit den Interessenvertretungen der Menschen mit Behinderungen abgestimmt werden müssen, hingegen die Zielvereinbarungen nach § 132 Absatz 1 IX nicht. Beide Regelungen schaffen aber Möglichkeiten, auf dem Weg der Vereinbarung zwischen Trägern der Eingliederungshilfe und Leistungserbringern neue Leistungen und neue Wege der Vergütung von Leistungen zu entwickeln und zu erproben, sofern die individuellen Leistungsansprüche der Menschen mit Behinderungen davon unberührt bleiben. Damit wird z. B. der Vereinbarung von Budgetlösungen verschiedener Art eine Rechtsgrundlage gegeben. Beispielhaft können hier Budgetvereinbarungen für umfängliche und verschiedenartige Leistungen genannt werden, wie sie das Land Hamburg in wenigstens zwei verschiedenen Varianten entwickelt und eingeführt hat. Auch in Berlin waren in den Jahren 2004 bis 2010 Trägerbudgets mit Anbietern von Leistungen für Menschen mit

103

seelischen Behinderungen vereinbart worden, die u. a. mit Verweis auf die fehlende Rechtsgrundlage seitens des Landes Berlin wieder beendet wurden.

Folgen für die psychiatrische Arbeit

Die Prüfrechte der Leistungsträger werden mit dem BTHG massiv gestärkt. Anbieter, die nicht die vereinbarte Leistung erbringen, müssen mit Rückzahlungsverpflichtungen rechnen. Dieser von einigen Bundesländern geforderte Grundsatz – insbesondere das Land Berlin war in dieser Frage initiativ – hat Eingang in das Gesetz gefunden. Zugleich wurde mit einem veränderten Vertragsrecht die Möglichkeit geschaffen, ggf. auch Leistungsvereinbarungen zu schlichten. Dies eröffnet für beide Seiten neue Möglichkeiten und wird aller Voraussicht nach auch die Gerichte beschäftigen. Hieraus entsteht aber auch Chancen, sich intensiver als bisher über Leistungsformen und angemessene Vergütungen auszutauschen und neue Wege zu finden. Diese müssen mit Blick auf den Wegfall der Unterscheidung von »ambulanten«, »teilstationären« und »stationären« Leistungen ohnehin gefunden werden.

Alle bisherigen Vereinbarungen, auch die Rahmenverträge, müssen nun auf die Kompatibilität mit den neuen gesetzlichen Vorschriften überprüft werden. Es ist keine Überraschung, dass insbesondere für die Träger von stationären Angeboten (Heimen) die Aufgabe der bisherigen Aufteilung der Kosten in Maßnahmepauschale, Grundpauschale und Investitionsbetrag und die neue Zuordnung der Kosten zu Fachleistungen und unterhaltssichernden Leistungen eine Herausforderung wird, wie durch vielfältige Diskussionen auf Länder- und Bundesebene auch schon deutlich geworden ist.

Erforderlich ist aber ebenso, dass mit vergleichbarem Aufwand nun danach gesucht wird, wie die Wünsche von Menschen mit Behinderungen nach einem Leben außerhalb besonderer Wohnformen umgesetzt werden können, ohne die Erreichbarkeit einer Ansprechperson aufzugeben. Genau darin bestehen erhebliche Herausforderungen nicht nur für die Praxis der Leistungserbringung, sondern auch für Vereinbarung entsprechender Leistungen und der dazugehörenden Vergütungen. Welche Leistungen sollen gemeinschaftlich erbracht werden? Wie kann die Erreichbarkeit einer Ansprechperson flexibel gehandhabt werden? Für diese Fragen müssen Konzepte und Lösungen entwickelt werden.

Dank der Erprobungsklauseln können nicht nur für diese Fragen, sondern auch für grundsätzliche Fragen der Vergütungen neue Wege gefunden werden. Dabei können schon erprobte Modelle, z. B. regionale Budgetvereinbarungen wie in Hamburg und Berlin, weiterentwickelt oder ganz neue Verfahren ausprobiert werden. Es ist die Aufgabe der Vereinbarungspartner, diese neuen Möglichkeiten jetzt auszuloten.

Umsetzung, Begleitung, Forschungsprojekte

Der Gesetzgeber hat zu verschiedenen Fragen vorgesehen, die Umsetzung des BTHG zu begleiten, Regelungen zu erproben und die Wirkungen zu evaluieren. Nach Artikel 25 des BTHG werden dem BMAS eine Fülle von Untersuchungen und Berichtsaufträgen an den Bundestag und den Bundesrat aufgegeben.

Das Bundesministerium soll die Umsetzung des BTHG begleiten und die Auswirkungen untersuchen. Artikel 25 Absatz 2 spricht von »Untersuchung«, »Begleitung« und »Evidenzbeobachtung«. Dies zeigt an, dass dem BMAS eine starke Rolle im Umsetzungsprozess zugewiesen wird.

So sollen bis 2021 Modellprojekte in ausgewählten Regionen zur Erprobung der ab 2020 geltenden Vorschriften und Regelungen durchgeführt werden. Die Auswahl der Regionen findet im Benehmen mit den Bundesländern statt. Ausschreibungen seitens des BMAS sind bereits im Sommer 2017 veröffentlicht worden.

Die Modellprojekte sollen wissenschaftlich begleitet werden und ab 2019 auch dazu dienen, die Frage zu beantworten, wer ab 2023 auf Grundlage welcher Kriterien zum Kreis der anspruchsberechtigten Menschen gehört. Bis zum 30. Juni 2018 sind dem Bundestag und dem Bundesrat ein Bericht über die rechtlichen Auswirkungen der Neufassung des anspruchsberechtigten Personenkreises nach Art. 25a (§ 99 SGB IX) vorzulegen.

Das BMAS wird auch die Entwicklung der Einnahmen und Ausgaben bei den Trägern der Eingliederungshilfe mit einer ganzen Anzahl differenzierter Fragestellungen untersuchen. Auch diese Untersuchung soll bis 2021 abgeschlossen sein.

Ferner soll untersucht werden, welcher Anteil der unterhaltssichernden Leistungen (Regelsatz und Kosten der Unterkunft) den anspruchsberechtigten Menschen tatsächlich zur Verfügung steht. Ein Bericht dazu soll 2020 erfolgen.

Über all diese Prozesse muss das BMAS in den Jahren 2018, 2019 und 2022 dem Bundestag und dem Bundesrat berichten (Art. 25 Abs. 7 BTHG). Wichtig werden auch die Ergebnisse der Modellprojekte werden, die nach dem neuen § 11 SGB IX zur Stärkung der Rehabilitation im Verantwortungsbereich der Rentenversicherung und der Jobcenter durchgeführt werden. Auch diese Modellvorhaben sollen durch das BMAS oder beauftragte Institute beforscht werden.

Schluss und Ausblick

Schon die umfänglichen Begleitforschungs- und Berichtsaufträge zeigen, dass der Gesetzgeber sich des Paradigmenwechsels bei den Sozialleistungen für Menschen mit Behinderung bewusst ist und sich daher der Wirkungen des gesamten neuen Rechts der Rehabilitation und Teilhabe vergewissern will. Für die Handelnden im Feld der psychiatrischen und psychosozialen Versorgung ergeben sich daraus die Aufgabe und die Möglichkeit, diese Handlungsimpulse aufzunehmen und zu gestalten. Die aktive Gestaltung darf sich nicht auf die Träger der Eingliederungshilfe und die Bundesländer beschränken. Auch Leistungsberechtigte, die vom Gesetz dazu direkt aufgefordert werden, müssen sich nun einmischen.

Auch wenn die Rolle der Leistungserbringer in Teilen geschwächt wurde, können und sollten sie sich mit ihren Erfahrungen und Kompetenzen in das Geschehen einbringen. Gerade im Bereich der Hilfen für seelisch beeinträchtigte Menschen wurden deutschlandweit viele neue Leistungen, Vergütungen, Konzepte, Modelle entwickelt, erprobt und erfolgreich umgesetzt, auf die zurückgegriffen werden kann – und die man weiterentwickeln kann.

Es mutet fast paradox an: Wir befinden uns aktuell in einer Zeit, in der vielerorts, vor allem in den Ballungsräumen, der verfügbare Wohnraum für alle Menschen mit beschränkten Einkommen kleiner geworden ist und manchmal kaum mehr zur Verfügung steht. In dieser Zeit tritt ein Gesetz in Kraft, das Menschen mit Behinderungen den Zugang zu selbstbestimmten Lebensformen in einer eigenen Wohnung eröffnet. Das passt scheinbar nicht zusammen. Dennoch entsteht daraus ein Auftrag. Ein Gesetz, das so eindeutig die Rechte von Menschen mit Behinderungen stärkt, bedarf der Unterstützung in der Umsetzung. Dazu sind alle Akteure, Angehörige, rechtliche Betreuerinnen, Mitarbeitende in der Assistenz, Mitarbeitende bei den Leistungsträgern aufgerufen: Diese Rechte müssen nun tatsächlich wahrgenommen werden. Daraus kann sich eine Kraft für die Zukunft entfalten, die zu einem langfristigen Umbau unseres Systems der Hilfen zur Teilhabe und Rehabilitation führen kann. Auch vor dem unbequemen Weg, Entscheidungen über die Gerichte herbeizuführen, dürfen wir uns nicht scheuen. Der Gesetzgeber hat viel getan, jetzt liegt der Ball in unserem Spielfeld.

Literatur

BAR – Bundesarbeitsgemeinschaft Rehabilitation (2017): BTHG
Kompakt: https://www.bar-frankfurt.de/fileadmin/dateiliste/
publikationen/Sonstiges/downloads/BTHG.BF.05.pdf (Stand Mai).

BECKER, M. (2018): BTHG: NRW und Ba-Wü Vorreiter bei beruflicher
Teilhabe. Psychosoziale Umschau, Heft 1, S. 40 – 41.

BMAS – Bundesministerium für Arbeit und Soziales (2016): Entwurf
eines Gesetzes zur Stärkung der Teilhabe und Selbstbestimmung
von Menschen mit Behinderungen (Bundesteilhabegesetz –
BTHG). Referentenentwurf vom 26.04.2016
http://www.teilhabegesetz.org//media/160426_Entwurf_
Bundesteilhabegesetz_EghV.pdf

BMAS – Bundesministerium für Arbeit und Soziales (2017): Häufige
Fragen zum BTHG: http://www.bmas.de/SharedDocs/Downloads/
DE/PDF-Schwerpunkte/faq-bthg.pdf?__blob=publicationFile&v=4
(Stand November).

BT-Drucksache 18 / 9522 – Deutscher Bundestag (2016a): Entwurf
eines Gesetzes zur Stärkung der Teilhabe und Selbstbestimmung
von Menschen mit Behinderungen (Bundesteilhabegesetz –
BTHG). Gesetzentwurf der Bundesregierung. 18. Wahlperiode,
Drucksache vom 05.09.2016
http://dip21.bundestag.de/dip21/btd/18/095/1809522.pdf

BT-Drucksache 18 / 9954: – Deutscher Bundestag (2016b): Entwurf
eines Gesetzes zur Stärkung der Teilhabe und Selbstbestimmung
von Menschen mit Behinderungen (Bundesteilhabegesetz –
BTHG). Stellungnahme des Bundesrates und Gegenäußerung der
Bundesregierung. 18. Wahlperiode, Drucksache vom 12.10.2016
http://dipbt.bundestag.de/dip21/btd/18/099/1809954.pdf

CDU Deutschlands, CSU Landesleitung, SPD (2013): Deutschlands

Zukunft gestalten. Koalitionsvertrag von CDU, CSU und SPD.
Berlin, 14. Dezember.
https://www.cdu.de/sites/default/files/media/dokumente/
koalitionsvertrag.pdf

Deutscher Verein (2017): Menschen mit psychischen Erkrankungen:
Ausschluss statt Teilhabe? ARCHIV für Wissenschaft und Praxis
der sozialen Arbeit, Heft 4.

DVfR – Deutsche Vereinigung für Rehabilitation (2017): ICF-Nutzung
bei der Bedarfsermittlung, Bedarfsfeststellung, Teilhabe- und
Gesamtplanung im Kontext des Gesetzes zur Stärkung der Teilhabe und Selbstbestimmung von Menschen mit Behinderungen
(Bundesteilhabegesetz – BTHG).
http://www.dvfr.de/fileadmin/user_upload/DVfR/Downloads/
Stellungnahmen/Diskussionspapier_BTHG-Ausschuss_der_DVfR_
zur_ICF-Nutzung_im_BTHG.pdf

HOHAGE, R. (2017): Neue Anforderungen an die Struktur gemeindepsychiatrischer Angebote aufgrund der neuen Sozialgesetzgebung
(BTHG). Handlungserfordernisse der nächsten Jahre. https://www.
dvgp.org/fileadmin/user_files/dachverband/dateien/Doku_Jahres-
tagung_2017/Pr%C3%A4sentation_Hohage.pdf

KORTMANN, L.-M.; MÜLLER, D.; SIMIC, D.; Civello, D.; STOCK,
S. (2017): Erwerbsminderung bei Schizophrenie – eine empirische
Analyse der Folgenlasten. Psychiatrische Praxis Heft 2; 93 – 98.

RASCH, E. (2017): BTHG und Co. Zum Verhältnis von Leistungen der
Eingliederungshilfe zu Leistungen der Pflege. In: Rechtsdienst der
Lebenshilfe, Heft 2. S. 111 – 113.

ROSEMANN, M.; KONRAD, M. (2017): Selbstbestimmtes Wohnen.
Mobile Unterstützung bei der Lebensführung (berücksichtigt das
BTHG). Psychiatrie Verlag, Köln.

Matthias Rosemann (Hg.), Michael Konrad (Hg.)
Selbstbestimmtes Wohnen
Mobile Unterstützung bei der Lebensführung
343 Seiten, 2. Auflage 2017
ISBN Print: 978-3-88414-655-2, 40 Euro
ISBN PDF: 978-3-88414-906-5, 31,99 Euro

Das BTHG trennt zwischen Unterstützungsleistung und Wohnangebot. Mit dem Begriff der mobilen Unterstützung schließen die Autoren direkt an der neuen Gesetzeslage an. In klarer Struktur wird alles dargestellt, was wichtig ist für Mitarbeitende und Leitungskräfte, für Kostenträger und Anbieter. Das Handbuch zeigt, welche Assistenzleistungen soziale Teilhabe ermöglichen und wie sie aussehen sollen – auch aus der Perspektive der Nutzenden. Außerdem gibt es praktische Kapitel zu Vor- und Nachteilen bestimmter Wohnformen, zur Hilfeplanung und zur Mitarbeiterqualifikation.

Michael Konrad, Matthias Rosemann
Betreutes Wohnen
Mobile Unterstützung zur Teilhabe
160 Seiten, 1. Auflage 2016
ISBN Print: 978-3-88414-647-7, 18,00 Euro
ISBN (PDF): 978-3-88414-894-5, 14,99 Euro

»Betreutes Wohnen« findet nicht mehr nur in Heimen, sondern immer häufiger in Einzelwohnungen oder Wohngemeinschaften statt. Für den Berufsalltag bedeutet das, die bisweilen schwierigen Klienten bei der Alltagsbewältigung kompetent, flexibel und krisenfest zu begleiten. Die Autoren führen Berufseinsteiger kenntnisreich und kompakt in dieses Arbeitsfeld ein und liefern »alten Hasen« wertvolle Anregungen für die mobile Unterstützung zur Teilhabe.

Psychiatrie
Verlag

Telefon 0221 167989-0, Fax 0221 167989-20,
E-Mail: verlag@psychiatrie.de,
Internet: www.psychiatrie-verlag.de